Der Kain-Komplex

Norbert J. Mayer

Der Kain-Komplex

Neue Wege
Systemischer Familientherapie

Integral

Autor und Verlag sind in keiner Form für die Ergebnisse der Rituale oder Übungen verantwortlich, die in diesem Buch beschrieben und von Lesern nach Lektüre dieses Buches durchgeführt werden. Falls alte, angst machende Traumata aufsteigen, sollten Sie sich einem Therapeuten anvertrauen.

Erste Auflage 1998

Einbandgestaltung: Zembsch' Werkstatt, München

Meinen Eltern und Ahnen
in Liebe und Dankbarkeit

Inhalt

Licht und Schatten

Das Leichte, das uns gut dünkt, wird genossen,
Das Schwere, Schlimme aberkannt, verstoßen.
Doch was die Welt voranbringt, ist die dunkle Kraft,
Ist Sünde und ist Schuld, die neues Leben schafft.
Herausgefordert gilt es, sich dem Düsteren zu stellen,
Denn es verbindet uns mit unsren Wurzeln,
unsren Quellen.
Und wir gewinnen Größe, Freiheit, Wirklichkeit,
Auch Heil und Heilendes aus solcher Dunkelheit.

Denn wo ein Schatten schlägt,
Muß auch ein Licht sich zeigen,
Vor dem wir uns zuletzt in tiefer Demut neigen.

Vorwort

Dieses Buch hat zum Ziel, die Selbstheilungsenergien zu wekken, die in jedem Menschen schlummern. Das gelingt, indem wir die Zusammenhänge erkennen und auf dreifache Weise Ordnung schaffen:

- durch Aufarbeiten der eigenen Biographie,
- durch Auflösung des Kain-Komplexes, also von (geglaubten) schuldhaften Situationen im Mutterleib und
- durch Entwirren der persönlichen Verstrickung im System.

Die heilsame Abfolge sieht hierbei so aus:

- Wahrnehmen der Konflikte,
- Einsicht in ihre Ursachen,
- konsequentes Handeln zur Lösung
- Integration in den Alltag und
- schöpferisches Gestalten.

So möge jeder Mensch zu einem zufriedenstellenden, erfüllten und manchmal auch glücklichen Leben finden, auf daß er sich eines Tages lebenssatt statt lebensmüde von dieser Welt verabschieden kann. Und ich bitte alle guten Geister, Wesenheiten und wissenden Ahnen, den starken Genius in jedem und die eigene Schöpferkraft, die guten Götter, Göttinnen und alle, die es angeht, dabei zu helfen.

Norbert J. Mayer,
München, im Herbst 1997

Einführung

1

Seelische Zerrissenheit

Eine junge Klientin wünschte sich nichts sehnlicher als eine beglückende Partnerschaft. Doch jedesmal, wenn eine Beziehung gut zu werden versprach, zerstörte sie diese, indem sie den Partner schlug, nach ihm trat und ihn wüst beschimpfte. «Ich tue es wie unter einem Zwang! Es ist wie ein Sog, der mich ins Unglück zieht!» rief sie am nächsten Tag in meiner Praxis aus. «Als dürfte ich kein Glück finden!»

Tatsächlich wirkt die Nachahmung des Schicksals von Eltern oder Ahnen in solcher Weise: Unser inneres Kind verbietet uns, glücklicher zu werden, als die Eltern es waren; oder es folgt gar heimlich einem früh verstorbenen Vorfahren in den Tod. So handelt das Kind in uns aus Liebe und Zugehörigkeit – und aus dem unbewußten Drang, mit eigenem Unglück etwas gutzumachen, das es nicht selbst verschuldet hat.

Manchmal ahnen wir, daß wir für einen anderen sühnen. Schuldgefühle treiben uns in ein Leid hinein, das wir selbst nicht verursacht haben – als wären wir in ein System von Energien verstrickt, das unsere Schritte steuert. In der Tat sind wir alle in ein energetisches Familiensystem hineingeboren und vielfältigen Kräften ausgesetzt.

Aber während uns die falsche Ordnung beengt, krank macht und verwirrt, finden wir mit der verschütteten rechten Ordnung auch zu größerer Freiheit, zu Gesundheit und Klarheit zurück.

Schon bei der Geburt, wenn wir ins Leben treten, kann uns ein Schuldgefühl quälen, weil im Mutterleib – was häufig vorkommt – ein Bruder oder eine Schwester starb.

Bestimmende Seelenbilder

An unseren Seelenwänden hängen verschiedene Bilder: die Erlebnisbilder aus dem Mutterleib, von Geburt und Kindheit. Oft halten wir lieber die schmerzlichen Bilder fest, als eines der guten zu nehmen: «Meine Mutter war nicht da!» – «Vater hat mich geschlagen!» – «Ich war nicht gewollt!» Hinter solchen Sätzen stehen Bilder, die schwach und krank machen. Das Lebensgefühl sinkt nahe Null, und wir bejammern voller Selbstmitleid unser böses Geschick. Aus diesen Reaktionsgefühlen aber – aus Wut und Vorwurf, Jammern, Resignation und Depression – prägen sich Lebensmuster und formen sich Lebensrollen.

Wem es gelingt, durch eigenes Handeln hinter diese Reaktionsgefühle zu schauen, der findet dort die Bilder der Liebe; etwa: «Mutter war meistens da.» – «Der Vater hat mir auch die Welt gezeigt.» – «Letztlich haben sich die Eltern doch für mich entschieden.» Tauschen wir die schlimmen und schmerzvollen Bilder gegen diese Bilder der Liebe aus, dann zerfallen die alten Muster und Lebensrollen, und der Mensch wird gesund und frei.

Fatale Vermeidungsstrategien

Haben wir in der Kindheit eine schmerzliche Erfahrung gemacht, so bleibt eine Faser unserer Seele in der Zeit hängen. Allmählich wird sie zur energetischen Nabelschnur, die uns in endlosen Wiederholungen immer wieder ähnlich schmerzliche Vorfälle erleben läßt. Wenn die bedrängenden Erfahrungen der seelischen Erlebnisbilder nicht bearbeitet und bereinigt werden, schieben wir sie vor uns her, bis sie verharscht sind wie alter Schnee. Dann treten wir auf der Stelle: Die Krise entsteht gerade dadurch, daß wir zu lange weggesehen haben.

«Ich will mit der schlimmen Vergangenheit nichts zu tun haben!» sagt manch einer. Oder: «Heute komme ich mit meinen alten Eltern doch gut aus!» Solche Vermeidungsstrategien aber zeitigen vielfach fatale Folgen. Dagegen können wir uns durch einen Blick in die Vergangenheit ersparen, sie abermals wiederholen zu müssen – eine Wiederholung, die auch in die nächste Generation übergreifen kann, indem wir unverändert an die eigenen Kinder weitergeben, was wir von unseren Eltern empfangen haben und nicht aufzuarbeiten wagten. So bleiben krankmachende Lebensmuster oft über viele Generationen hinweg erhalten.

Es geht ja nicht um die heutigen, alt gewordenen Eltern, sondern um Mutter und Vater in der Zeit von unserer Geburt bis etwa zum zehnten Lebensjahr. Insbesondere von dieser Lebensphase müssen wir Abschied nehmen, da wir sonst auf immer Kinder bleiben.

Ein letzter Aufruf unserer Seele

Wer durch Wegsehen jahrzehntelang die Krise zu vermeiden versuchte, den erreicht meist zwischen dem vierzigsten und dem fünfzigsten Lebensjahr ein letzter Aufruf seiner Seele – die Krise in der Lebensmitte, auch Midlife-crisis genannt. «Schau dein bisher gelebtes Leben an», so lautet ihr Appell, den manche befolgen, da sie spüren: ohne Herkunft keine Zukunft. Andere verschließen ihre Ohren vor dem inneren Ruf und werden in der Folge eng und krank: Wenn das frühkindliche Leid und die hierdurch unterdrückten Gefühle nicht erhört werden, so verlagern sie sich von der seelischen auf die körperliche Ebene.

Therapie als Wegbegleitung hilft, die nicht vollzogenen Durchgänge durch Kindheit und Jugend und die unterlassenen Abschiede von Vater und Mutter rituell nachzuholen: So werden Wachstum, Heilung und Verwandlung möglich.

2

Die unheilvolle Schuldbereitschaft Kains

Woher stammt letztlich jenes unbestimmte Gefühl der Schuld, das viele in Leid und Unglück treibt? Hierzu möchte ich eine Geschichte erzählen. Die Akteure sind aus dem Alten Testament bekannt, auch wenn uns durch die Bibel eine andere Version dieses «Brudermordes» überliefert ist:

> Kain und Abel verschworen sich gegen den strafenden Gottvater. Unabhängig und frei wollten sie sein, in ein fernes Land ziehen, die Erde erobern. So hatten sie es besprochen und ausgemacht, doch Gott ertappte sie auf der Flucht – und da fiel Abel um und verriet ihren Plan.[1]
>
> In seiner Enttäuschung und in jähem Zorn erschlug Kain seinen Bruder. Dann ging er fort und trauerte. Er nahm die Schuld mit in seine neue Freiheit. Im fernen Land ersetzte er den alten durch den neuen Gott, der die Menschen liebte, und seine Sippe wurde groß und stark. So wurde Kain zum Stammvater des Menschengeschlechtes.

Im Alten Testament (*Genesis 4,1–16*) sagt Kain dagegen: «Zu groß ist meine Schuld, als daß ich sie ertragen könnte» – ein unheilvoller Satz. Denn diese Schuldbereitschaft wiegt so schwer, daß jemand, der sich auf solche Weise belastet fühlt, nicht mehr handeln kann, versteinert und zugrunde geht.

Doch selbst hier in der Bibel schützt der strafende Gott den Menschen Kain mit einem «Kainsmal»: «Jedem, der Kain etwas antue, droht er mit ‹siebenfältiger› Rache.»[2]

Kain und Abel im Mutterleib

Nun findet sich solche – meist irreal übersteigerte – Schuldbereitschaft auch in der Therapie bei vielen Patienten, denen sie regelrechte Panikzustände bereiten kann. «Ich bin schuld», sagt etwa eine Frau, «daß mein Großvater durch einen Autounfall zu Tode gekommen ist!» Als es passierte, war sie jedoch weit weg vom Unfallgeschehen, und auch sonst fanden sich keinerlei Anhaltspunkte für eine etwaige Schuld der Enkelin. «Es läßt sich nie wiedergutmachen!» rufen die vermeintlich Schuldigen gleichwohl in heller Verzweiflung aus. Oder gar: «Ich will nicht mehr leben!»

Wie mit einem Kainsmal stigmatisiert fühlen sie sich, so sehr niedergedrückt von einer geheimnisvollen Schuld, als ob auch sie – wie der alttestamentarische «Brudermörder» – einst den Tod eines Geschwisters verschuldet hätten.

Was also mag die Quelle solcher Schuldbereitschaft sein? Tatsächlich liegt den Schuldgefühlen dieser Patienten immer die gleiche «biblische» Konstellation zugrunde: Einer starb, einer überlebte, und mancher ahnt sogar, daß es sich bei dem Verstorbenen um ein Geschwister handelte. Wo aber finden wir eine solche Situation vor?

Die Antwort lautet: im Mutterleib.

Trotz eindrucksvoller Forschungsresultate[3] wird diese Problematik noch immer viel zuwenig beachtet: Eine große Zahl von Menschen, die als «Einlinge» geboren wurden, wuchsen im Mutterleib – sei es während der ersten Stunden und Tage, sei es bis zum zweiten, dritten Monat oder länger – zusammen mit Zwillingsgeschwistern heran, die zu einem frühen Zeitpunkt verstarben. Da die Zwillinge im «Paradies» des Mutterleibs meist durch starke emotionale Bindungen, bis hin zum «ozeanischen Gefühl»[4] des Einsseins, verbunden waren, ist der Tod des einen für den Überlebenden ein furchtbarer Schock: die «Vertreibung aus dem Paradies».

Jenseits von Eden

Das innere Modell, auf das ich im III. Teil noch ausführlich zu sprechen komme, sei hier vorab anhand von Fallbeispielen erläutert.

Erster Fall: Das Problem des Klienten Erich besteht darin, daß seine Beziehungen nie länger als zwei bis drei Jahre halten. Eine Rückführung soll Klarheit schaffen, denn wenn Beziehungen wie hier in immer gleichen Abständen zu Ende gehen, liegt die Arbeitshypothese nahe, daß dieses Lebensmodell durch Verlust eines Geschwisters im Mutterleib entstand.

Die Rückführung in raffender Zusammenfassung:

«Ich bin drin», berichtet Erich. «Zunächst ist es diffus. Jetzt sehe ich besser. Ich fühle, da ist jemand. Es handelt sich um weibliche Energie[5]. Wir stehen uns gegenüber[6], es ist wunderschön!» …

«Warum gehst du?» fragt er.

Sie wird grau und sagt: «Hier ist nicht mein Platz.»

«Bleib!» ruft er.

Sie wird kleiner … entschwindet …

Erich: «Ich fühle schwere Trauer. Ich will dahin[7] …»

Dann bricht er tief erschüttert in Tränen aus.

Je inniger im Mutterleib die Bindung an Bruder oder Schwester war, desto schwerer fällt es dem oder der Überlebenden loszulassen. Carmen, eine Klientin, erlebte den tragischen Tod ihres Bruders im Mutterbauch. Noch als erwachsene Frau wollte sie von ihrer Schuldbereitschaft nicht lassen: «Ich habe für den toten Bruder meinen Sohn durch Abtreibung geopfert. Und ich fühle mich schuldig am Schicksal des drogenabhängigen Mannes, von dem ich mich getrennt habe.»

Das im Mutterleib geprägte innere Modell wirkt unbewußt im späteren Leben fort. Hierzu ein weiteres Fallbeispiel: Carla, 41 Jahre.

Carlas Problematik: Asthma, Neurodermitis, Partnerprobleme. Vom 25. bis zum 35. Lebensjahr träumte sie wöchentlich denselben Traum:

Ihr Partner, mit dem sie sieben Jahre zusammen (in den letzten beiden Jahren keine Sexualität mehr) und auch verlobt war, verzeiht ihr alles Vergangene. Er will seine Frau (ihre ehemalige Freundin) verlassen und wieder zu ihr kommen …

Die Häufigkeit, mit der sich dieser Traum wiederholte, weist auf seine außerordentliche Bedeutung hin. Zur Konstellation gehört überdies: Der Bruder des Verlobten war selbstmordgefährdet (und nahm sich später tatsächlich das Leben). Carla liebte ihn «wie einen eigenen Bruder», wollte ihm helfen und glaubte oftmals, sie liebe den «Bruder» mehr als den Verlobten. Jedoch schwor sie sich, ihrem Verlobten die Treue zu halten.

Die neue Beziehung ihres Verlobten, sagt Carla rückblikkend, habe sie damals selbst eingefädelt, indem sie ihren Freund mit der Freundin zusammengebracht habe. Im letzten Jahr ihrer Partnerschaft sei er jeden Abend zu dieser Freundin gegangen, während sie voll Wut und Trauer allein zu Hause blieb. Hier erkennen wir, wie in allem, was systemische Verstrickung bewirkt, einen Widerspruch: Erst fädelt sie ein, dann leidet sie.

Aufgrund dieser Aussagen Carlas zeichnet sich für mich das innere Modell ab. Meine Hypothese: Da scheinen vier im Mutterleib gewesen zu sein – außer ihr selbst ein Bruder (für den nun der Verlobte steht), eine Schwester (in der Wiederholung die Freundin) und ein weiterer Bruder im Hintergrund (nun der Bruder des Verlobten).

Tatsächlich kommt es bei Mehrfachbefruchtungen häufig vor, daß anfangs nicht nur zwei, sondern vier oder fünf Föten im Mutterleib entstehen. Und da wir als unser inneres Modell oftmals die gesamte Situation im Mutterleib übernehmen, versuchen wir später – unbewußt und beharrlich – immer wieder, diese Situation und vorgeburtlichen Geschehnisse zu reproduzieren.

Weiter im Fall der Klientin Carla. Bei der Rückführung in den Mutterleib sagt sie:

«Ich will meinen Kopf nicht nach links drehen! Da ist etwas, das ich fürchte.»

Ich halte ihren nach rechts gedrehten Kopf fest, unterstütze so ihren Widerstand und frage: «Willst du jetzt hinschauen?»

«Ja!» sagt sie endlich und dreht den Kopf gegen den Griff meiner Hände nach links. Dort sieht sie einen Bruder, eine Schwester und, etwas weiter weg, einen anderen Bruder, wie ohne Haut: «Dem ist nicht mehr zu helfen. Er ist gefangen!»

Die beiden anderen Geschwister drängen sich an sie. «Ich muß sie schützen», sagt Carla, «da ist eine große Gefahr.»

Und als sie schließlich doch sterben, ruft sie: «Ich habe nicht genug aufgepaßt! Ich bin schuld!»

Sie schluchzt und weint, niedergedrückt von Schuld – der Bürde des Kain-Komplexes.

Geglaubte Schuld

Der Kain-Komplex, den das überlebende Geschwister aus dem Mutterleib mit in dieses Leben bringt, bestimmt sich demnach durch folgende Haltung:

«Ich darf leben, du mußt sterben», sagt das Kind im Mutterleib zu seinem verstorbenen Geschwister. «Dafür verspreche ich dir, im Leben draußen nicht glücklich zu werden.» Was auch immer der Überlebende später anfängt, in Partnerschaften oder im Beruf – stets ist die Bombe eingebaut, die alles hochfliegen läßt, sowie sich ein wenig Glück einzustellen scheint.

Der Kain-Komplex ist also durch eine Schuldbereitschaft geprägt, die so lähmend ist, daß der Betroffene – wie Kain in der biblischen Version – nicht mehr handeln kann und an der geglaubten Schuld zugrunde geht. An *geglaubter Schuld*, denn in Wirklichkeit hat er ja keine Untat abzubüßen: Wenn eine schicksalhafte Macht eingreift und den einen leben läßt, wo der andere stirbt, dann soll der Überlebende sich keine Schuld zuschreiben. Hätte er – als Fötus im Mutterleib – den Bruder oder die Schwester denn retten können? Natürlich nicht, und daher ist die Schuldbereitschaft, auch wenn sie aus Liebe und Mitgefühl entspringt, Anmaßung, die nur zu Leid und Unglück führt: Der Überlebende stellt sich auf die Stufe von Schicksal und Gott und tut so, als wären sie seinesgleichen.

Doch die geglaubte wirkt wie echte Schuld.

Schuld und Moral

Wenn hier von Schuld gesprochen wird, so nicht in einem moralischen Sinn: Über diesen Aspekt hat der Therapeut nicht zu richten. Jedoch lädt Kain, indem er seinen Bruder Abel erschlägt, *systemische Schuld* auf sich: Er verstößt gegen die Ordnung der Familie, da er ein Mitglied der Sippe aus dem System drängt. Um diesen Verstoß wiedergutzumachen, muß der Täter die Schuld auf sich nehmen. Hierdurch wird er zunächst fähig, über seine Tat und sein Opfer zu trauern. Steigt er sodann tiefer in die Unterwelt seiner Seele hinab und anerkennt dort Schuld und Schatten, so gewinnt er Kraft zum Handeln: Er übersteigt, was ihn bis dahin durch Schuldgefühle lähmte, und stellt sich seinem «inneren Drachen»[8], anstatt ihn zu verleugnen oder vor ihm zu fliehen. So sind Schuld und Schuldgefühle nicht dasselbe.

Das Gesetz der Alten

Aus der Sicht des alten, strafenden Gottes hatte sich Kain bereits schuldig gemacht, *bevor* er seinen Bruder Abel erschlug: durch den Plan von Flucht und Verrat. So wie ich sie oben erzählt habe, läßt die Geschichte erahnen, daß Kain die treibende Kraft bei dem Plan der Brüder war, aus Eden zu fliehen und in einem fernen Land den alten, strafenden durch einen neuen Gott zu ersetzen, der die Menschen liebt. Gerade durch diese «Schuld» des Verrats am alten Gott aber wird Kain in einem guten Sinn zum Helden: Ohne Verstoß gegen das Gesetz der Alten, ohne Verrat an den alten Göttern und Überschreiten der alten engen Grenzen kann es keine Entwicklung, keine Freiheit und keine Individuation geben. Kein Fortschritt ohne Schuld und Verzicht!

Zum Kain-Komplex gehört daher auch die folgende Geschichte, in welcher der aufmüpfige Sohn gegen das Gesetz der Großen Mutter verstößt:

> Jedes Jahr im Herbst forderte die Große Mutter neunzig Teile der Ernte von ihren Söhnen. Sie selbst erhielten nur einen Zehnten und blieben so in Abhängigkeit von der Großen Mutter. Doch der jüngste Sohn war mutiger und schlauer als seine Brüder: Er brachte seine Ernte in den Wald, wo er Schnaps aus den Früchten und Körnern brannte. Dann lud er alle Mädchen und Frauen der Umgebung zu einem Fest ein – zu einer Orgie, wie man später solche Gelage nannte.
>
> Als die Große Mutter davon hörte, wurde sie sehr zornig und eilte herbei, um ihren Jüngsten zu bestrafen. Der aber war längst über alle Berge und hatte die kräftigsten und schönsten Frauen mitgenommen. Im fernen Land gründete er eine neue, große Familie.[9]

Diese Geschichte zeigt uns, daß wir Kain und Abel auch als zwei Seiten ein und derselben Person ansehen können: Nach dieser Lesart wäre Abel das furchtsame innere Kind, das sich aus Angst vor elterlicher Strafe und Verstoßung unterwirft. Kain dagegen ist bereit, das Gesetz der Alten zu brechen und seinem eigenen inneren Gesetz zu folgen: So wird er durch eigenes Handeln frei.

Abschied nehmen

Damit gelangen wir zu einer weiteren Variante der uralten und zeitlosen Geschichte von den beiden Brüdern:

> Abel und Kain, zwei Brüder von etwa zwanzig Jahren, zogen einst aus, um Männer zu werden, wie es in diesem Alter viele tun. Sie unterzogen sich uralten Prüfungen und Ritualen des Erwachsenwerdens und wurden in Kriegskünsten geschult. Nachdem sie zuletzt vier Tage in der Wildnis überstanden hatten, wurden sie nach Hause entlassen.
>
> Abel lief gleich zu seiner Mutter, kniete vor ihr nieder und sagte: «Mutter, geh weg! Halt mich nicht länger fest. Bitte gib mich frei, damit ich ein Mann werden kann!»
>
> Kurz darauf trat auch Kain vor die Mutter, kniete nieder und sprach: «Mutter, ich danke dir für alles, zuallererst für das Leben, das du mir geschenkt hast, dann dafür, daß du mich genährt hast mit Liebe und Brot, Liedern und Schlägen.» Dann stand er auf, verneigte sich tief und sagte: «Jetzt gehe ich in die Welt, um etwas Rechtes zu werden.»

Auf welcher Seite stehen Sie, liebe Leserin und lieber Leser:

Sympathisieren Sie mit Kain oder Abel, mit dem ersten oder mit dem zweiten Sohn? Man muß durchaus nicht bis in biblische Zeiten zurückgehen, um auf Geistesverwandte, insbesondere des Abel aus unserer Geschichte, zu treffen: Immer wieder, wenn junge Menschen (manch einer schon um die 45 Jahre jung) den Therapeuten um Wegführung und -begleitung bitten, geschieht es, daß sie jammern wie dieser Abel: «Mutter, geh doch weg und laß mich frei!» Wie töricht von ihnen! Sie geben ja das Heft aus der Hand und müssen warten, bis der andere geht, ob Vater oder Mutter, Partner oder Partnerin ...

Der andere aber geht nie – warum denn auch? Das wäre ja gerade so, als würden die Kinder, volljährig geworden, zu den Eltern sagen: «Geht jetzt raus, wir übernehmen Haus und Grund, wir sind nun alt genug.» Verkehrte Welt! So handeln nur Narren, Angsthasen und Neurotiker: Die bleiben unter Mutters Rock in Miete. Das kostet doppelt, denn auch der Therapeut kassiert dabei.

Abenteurer des Lebens wie Kain aber nehmen Abschied von der Welt der Alten und brechen auf, um neue Länder zu erkunden und nach ihrem eigenen Gesetz zu leben. Nur so erkennt man die Beengung, die krank und schwach macht, und gewinnt die Kraft, sein neues Leben zu gestalten.

Wenn aber jemand nicht von der Mutter oder vom Vater losgekommen ist, dann kriegt es der Partner oder die Partnerin ab – und dieses unheilvolle Spiel wiederholt sich wieder und wieder. Wenn also Klienten zum Therapeuten kommen und um Hilfe bitten, so ist meist ein Teil in ihnen verstockt oder furchtsam darauf bedacht, das beengende Muster blindlings zu wiederholen. Dieses unerlöste Kind im erwachsenen Menschen boykottiert und sabotiert, wo es kann – so daß manch einer den Mut gleich wieder verliert und, statt in seinem Innern und in seinem Leben Ordnung zu schaffen, nur die Möbel in seiner Wohnung umstellt: Ersatzhandlungen voller Selbstmitleid ...

Ablösung und Abfall flößen uns Schuldgefühle ein – auch das gehört zum Kain-Komplex. Das Gewissen mahnt: «Bleib der Mutter, dem Vater, der Sippe und deinem Gott treu!» Ein anderer Teil in uns aber ist stets sehr bereit, um der eigenen Befreiung und Verwandlung willen die alten Götter zu stürzen: Das ist der Kain in uns, der uns allen innewohnende eigentliche Held, der Schuld auf sich lädt, um Freiheit und Zufriedenheit und vielleicht sogar sein Glück zu finden.

Denn das Gesetz in uns besagt: «Wer nicht zum Handeln bereit ist, bleibt in der Mutter sitzen – und versteinert.» Und es fordert statt dessen: «Geh deinen Weg! Nimm die Schuld auf dich und werde frei!»

3

Die drei Ursachen für Probleme

Nach dem oben Gesagten können wir drei fundamentale Ursachen für menschliche Probleme unterscheiden[10]:

- die traumatische Ursache,
- die embryonale Situation als traumatische und systemische Bindung innerhalb des Mutterleibes und
- die «systemische Verstrickung»[11] außerhalb des Mutterleibes.

Die traumatische Ursache

Ein einfaches Beispiel hierfür wäre ein Vater, der das Kind häufig schlägt, oder ein Kind, das im Säuglingsalter eine Operation mit Nahtoderfahrungen durchstehen mußte, oder der Tod eines Elternteils unmittelbar nach der Geburt des Kindes – schmerzhafte, tief erschütternde Kindheitserlebnisse dieser Art nennen wir Traumata. Sie prägen das Kind und erzeugen Muster, die bis ins Erwachsenenalter hineinwirken und dort den Entwicklungsprozeß des Menschen schwer behindern.

Diese Muster, die uns heute beengen, waren uns jedoch beim Überleben einmal hilfreich (wie die Schutzhaltung eines Menschen, der sich vor Schlägen schützt). Daher kann die Ablösung nur gelingen, wenn wir das alte Muster nicht verfluchen und immer bloß jammern: «Hau ab! Geh endlich weg!» Vielmehr sollen wir ihm zum Abschied danken: «Einst hast du mir sehr geholfen, aber jetzt brauche ich dich nicht mehr.»

Fast jeder traumatische Vorfall läßt sich auf die gestörte Hinbewegung des Kindes zur Mutter und zum Vater reduzieren. Ein Kind will in erster Linie Liebe geben; erst in zweiter Linie braucht es Liebe. Wenn es mit ausgestreckten Armen auf seine Mutter zuläuft und diese sich abwendet, so stoppt das Kind auf halbem Weg: Die Hinbewegung friert ein. Die Ursache von Traumata in den ersten sieben Lebensjahren (einschließlich der Phasen zwischen Zeugung und Geburt) läßt sich somit nur im Zusammenhang mit dem Verlust – oder der Angst vor Verlust – des geliebten Gegenübers verstehen.

Die embryonale Situation

Unter diesem Begriff verstehen wir alles, was im Mutterleib geschieht. Der embryologischen Forschung verdanken wir die Erkenntnis, daß das Kind stimmungsmäßig viel vom «äußeren» Geschehen mitbekommt – ob dort nun Krieg herrscht oder elterlicher Streit. Auch wirkt es sich auf das Kind aus, wenn die Mutter Alkohol trinkt, Medikamente nimmt, Zigaretten raucht usf.

Die embryonale Situation enthält sowohl das traumatische wie auch das systemische Thema:

Systemisch wirkt sie sich vor allem in Form des Kain-Komplexes aus, also in der Bereitschaft, Schuld für das schlimme Schicksal der im Mutterleib verstorbenen Geschwister auf sich zu laden. Da – wie wir heute aus der embryologischen Forschung wissen – bei einer großen Zahl von Zeugungen zwei oder mehr Eier befruchtet werden, existieren zu Beginn zahlreicher Schwangerschaften im Mutterleib mehrere Embryos; die meisten von ihnen sterben jedoch wieder ab und werden vom Mutterkuchen aufgenommen.

Dem oder den Überlebenden flößt diese Situation tiefe Gefühle einer Schuld ein, die sie in ihrem späteren Leben sühnen. Bei diesem Schuldgefühl, das den Kain-Komplex ausmacht, handelt es sich zwar um geglaubte Schuld, die jedoch wie echte Schuld beengt, krank und unglücklich macht.

Traumatisch wirkt sich die embryonale Situation insofern aus, als während der Schwangerschaft Belastungen oder Störungen aufgetreten sind. Hierdurch entstehen die Urtraumata[12], welche eine Blockade im Fluß des Lebens hervorrufen können. Diese bewirken ihrerseits Energiestau und Chaos, denen später psychische und körperliche Krankheiten entspringen können.

Die systemische Verstrickung außerhalb des Mutterleibes

Diese dritte Problemursache rührt daher, daß man als Kind aus Liebe und Loyalität eine Schuld für etwas übernimmt, das man nicht begangen hat und nicht einmal hätte verhindern können.

Beispiele hierfür sind: Ein Onkel ist zwanzigjährig im Krieg gefallen – ein Neffe oder Großneffe identifiziert sich mit ihm aus Liebe, lebt unglücklich wie der Vorfahr oder nimmt sich gar das Leben. Oder: Der Vater hatte einst seine Verlobte weggeschickt, weil er mit der Mutter eine bessere Partie zu machen glaubte – nun büßt eine Tochter aus dieser neuen Verbindung die väterliche Schuld und bleibt ledig wie die verstoßene Verlobte. Oder auch: Eine Mutter stirbt bei der Geburt, und das

Kind, das überlebt hat, kann sein Glück nicht ertragen und bringt sich um.

Die Lösung besteht hier darin, daß sich das Kind zur Mutter hinwendet und spricht: «Gerade weil es so schwer war, Mutter, nehme ich das Geschenk des Lebens und halte es ganz besonders in Ehren.» Denn für das Schicksal eines anderen ist hier auf Erden niemand zuständig.

Therapie heißt: Ordnung schaffen

Die Arbeit an der systemischen Verstrickung und an der embryonalen Situation ist eine notwendige Ergänzung der Arbeit am traumatischen Vorfall. Während letztere der klassischen Analyse entstammt, ist die Arbeit an der systemischen Schuld eine jüngere Therapieform, entwickelt aus Bereichen der Familientherapie und Systemanalyse sowie aus Erfahrungen mit Systemstellungen. Zur Therapie an der embryonalen Situation schließlich gelangte ich aufgrund der Erfahrungen aus zahlreichen Rückführungen – Erfahrungen, die durch die jüngere Embryologieforschung belegt werden.[13]

In früheren Jahren, als auch ich – wie viele Therapeuten – mangels Kenntnis der anderen Ursachen nur auf die traumatischen Vorfälle eingehen konnte, mußte ich ehrlicherweise manch einen Hilfesuchenden heimschicken mit der Bemerkung: «Jetzt weiß ich nicht mehr weiter. Hier kann ich dir nicht helfen.» Mit traumatischen Arbeitsmethoden kann man selbst in zehn Therapiejahren keinen Kain-Komplex aufarbeiten: Ursachen, Ansatz und Methodik sind grundverschieden.

Kommt ein Mensch zu mir in die Beratungsstunde, so wird der Auftrag, den er dem Therapeuten erteilen möchte, erfragt und klar beschrieben. Daraufhin erfährt der Klient, wie viele Seminare und, wenn nötig, wie viele Einzelstunden dieser Auftrag zur Auflösung benötigt. Die Verbindung von Einzelarbeit und Gruppenseminaren vertieft die Wirkung und beschleunigt die Lösung. Eine Einzeltherapie dauert bei mir durchschnittlich ein bis eineinhalb Jahre; maximal – etwa bei schwerem sexuellem Mißbrauch durch den Vater – bis zwei Jahre; das entspricht etwa 50 bis 80 Einzelsitzungen. Das sind überschaubare und berechenbare Zeiträume. Da von Stunde zu Stunde Eigenarbeit in Form von Hausaufgaben aufgegeben wird, lautet die Devise: Je mehr einer selbst tut, um so weniger braucht er den Therapeuten und spart auf diese Weise auch Geld. Denn das Ziel muß stets die Selbstheilung bleiben: Wenn einer auf dem Weg der Heilung ist, hält sich der wissende Wegbegleiter heraus.[14]

Wer allerdings seinem Lebenstrotz nicht entsagt und an der Nachahmung des schlimmen Schicksals seiner Eltern und Ahnen festhält, für den gibt es keine Lösung. Denn Therapie heißt: Ordnung schaffen in uns selbst, des weiteren im Mutterleib, sodann in der Ursprungsfamilie und schließlich in unserem Gegenwartssystem. Wem dies aber gelingt, der ist bereit, ein erfülltes Leben in Freiheit und Zufriedenheit zu leben.

Teil I

Die ersten Schritte zur Lösung und Heilung

1

Ohne eigenes Zutun kein Fortschritt

Nicht anders als Körper und Geist braucht auch unsere Seele tägliche Nahrung. Wir essen Tag für Tag, ebenso regelmäßig wird unser Geist verköstigt – ob mit bekömmlicher Speise, sei dahingestellt. Die Seele aber füttern viele Menschen so selten, als wäre sie eine heilige Kuh, die sich aus sich selbst ernährt.

Wer einmal einen erhebenden Moment erlebte oder eine tief erschütternde Erfahrung machte, glaubt oftmals, daß dies als Seelenvorrat lange reichen müßte. Dabei zählt auch seelisches Erleben zu den flüchtigen Gütern, die man nicht einfach aufbewahren kann – sowenig, wie wir einmal für zehn Hungrige essen können und dann einen ganzen Monat gar nichts mehr.

Mit einer einzigen Speisung kommen weder Geist noch Körper noch die Seele lange aus. Erforderlich ist daher die «Treue zur täglichen Übung», wie mein Lehrer Graf Dürckheim zu sagen pflegte: die Selbstdisziplin des tagtäglichen Handelns, durch das allein der Fortschritt gelingen kann. Wer immer mich in seelischen Dingen um Hilfe bittet, bekommt deshalb als erstes die kleine Aufgabe, sich in seinem Zimmer eine «Mesa» herzurichten (vgl. die Übung auf S. 40).

Zweigleisige therapeutische Wegführung

Bei unserer therapeutischen Wegführung und -begleitung bewegen wir uns stets auf zwei Gleisen: Das eine ist die aufdeckende und zurechtrückende, Ordnung schaffende und verwandelnde Arbeit an der Vergangenheit, das andere die Stärkung des positiven Kerns. So schaffen wir die Basis für ein neues, freies Bewußtsein und flechten ein Netz, das den Klienten auffängt und abfedert, falls er bei der Bearbeitung der Vergangenheit in Krisen stürzt.

Wie wichtig es ist, ein solches Netz zu knüpfen, zeigt uns ein Blick auf die alltägliche Not. Gefangen in Äußerlichkeiten des rationalen Sachzwangdenkens, von der Überfülle der Nachrichten aus Zeitung, Radio und Fernsehen wie festgenagelt, ähneln wir jenen Zirkusartisten, die den Messerwerfern ausgeliefert sind: Ohnmächtig sind wir auf der Drehscheibe angebunden, und jeder von uns hofft, daß die fliegenden Klingen ihn nur einrahmen, aber nicht verletzen mögen.

Noch ärger wird der Mißstand dadurch, daß es an positiven Leitfiguren fehlt. Statt den Menschen bei der Orientierung zu helfen, entrüsten sich Politiker und Kirchenobere scheinheilig über den moralischen Niedergang, den sie selbst doch so beispielhaft vorleben. An negativen Vorbildern herrscht also kein Mangel, und dementsprechend grassieren Verdrossenheit und menschliche Unreife, Unmündigkeit und Handlungsunfähigkeit.

Doch wenn wir dem Negativen zu sehr nachhängen, verfallen wir der Resignation oder flüchten uns in Ersatzhandlungen. Damit aber verlieren wir das Wesentliche aus den Augen: das eigene Handeln, also Ordnung zu schaffen als Weg der Reinigung.

Viele – vor allem junge – Menschen suchen in dieser Situation nach außereuropäischen Leitbildern, nach Lehren und Konzeptionen, die nicht um die buchhalterischen Scheinprobleme unserer westlichen Kirchenpolitiker kreisen, sondern auf bedrängende existentielle Fragen eingehen: die Angst vor Vernichtung und Tod; die Trostlosigkeit der Verlassenheit; die Verzweiflung am Widersinnigen (Krieg, Katastrophen, Tod).

Insbesondere bei fernöstlichen Kulturen und Religionen haben zahlreiche Menschen der westlichen Hemisphäre in den vergangenen Jahren und Jahrzehnten Leitbilder und Belehrung gefunden: im tibetischen, chinesischen oder japanischen Buddhismus, bei indischen Gurus oder auch bei Schamanen der unterschiedlichsten Kulturen. Wer dort inneren Halt, Ordnung und Heil sucht, handelt aus einer Notwendigkeit heraus, die befreiend und befriedend ist und beglückend sein kann.

Neben Lehre und Belehrung kommt der Kultur der Stille – Meditation, Budokünsten und anderen stillen Handlungen wie der Teezeremonie – in den östlichen Religionen besondere Bedeutung zu. Der Westen kennt mit der Kontemplation Vergleichbares, und auch wenn sich die Methoden voneinander unterscheiden, ist ihnen allen eines gemein: die Harmonie der Stille, in der sich Sein und Dasein, Transzendenz und Immanenz verbinden. In dieser Stille ohne Wunsch und Traumbild wird vor allem anderen diese Dreiheit eingeübt:

Haltung – Atmung – Bewußtheit

Als Ordnung stiftende Kraft können wir diese Dreiheit auch in unserem Alltag einsetzen: Eine aufrechte Haltung führt zu durchströmendem Atem, und dieser putzt das Bewußtsein blank (vgl. die Übung auf S. 44). Hierdurch verschwinden die Probleme zwar gewiß nicht, aber so können wir besser mit ihnen umgehen: Die rechte Haltung spiegelt die Verfassung eines Menschen, der bewußt handelt und zuläßt – seinem Wesen gemäß.

Übung: Aufbau der Mesa

Nehmen Sie einen Hocker oder ein niedriges Tischchen. Darauf benötigen Sie als erstes eine Kerze als Symbol des Lichtes, aus dem wir kommen; als zweites gute (holzfreie tibetische oder japanische) Räucherstäbchen, um störende Gedanken und Einflüsse zu vertreiben und das Umfeld zu reinigen. Statten Sie Ihre Mesa oder Ihren kleinen Altar sodann mit einer Buddhastatue oder einem Christusbild aus sowie mit einem Kristall oder Bild, einer Blume oder was Ihnen sonst noch wichtig ist.

Setzen Sie sich vor dieses Tischchen, täglich wenigstens fünf Minuten, an Wochenenden und in Ferien möglichst länger. Sitzen Sie still, und nehmen Sie Ihr Atmen wahr. Lesen Sie mehrmals einige wenige Zeilen aus dem wunderbaren Buch *Der Ochs und sein Hirte*[15], in dem sich Wissen, Poesie und Weisheit so glücklich verbinden, oder aus einem Buch von Hermann Hesse, Erich Neumann oder Graf Dürckheim. Und halten Sie – komme, was wolle – tagtäglich an dieser kleinen Übung fest.

Einzelheiten zu Sitzhaltung und Atmung finden Sie bei der Übung auf Seite 44.

2

Das Initiatische Haus

Graf Dürckheim und Maria Hippius-Gräfin Dürckheim waren meine therapeutischen Lehrmeister, die in mir den Boden für meinen Selbstwerdungsprozeß bereiteten. Ich kannte sie schon seit 1962: Während meines Studiums war ich in den Semesterferien öfter bei ihnen in Todtmoos-Rütte und inszenierte mit den dortigen jüngeren Klienten Hörspiele, Theaterstücke und Happenings. Beim Abschied nach meinem ersten Besuch hatte Maria Hippius mir beiläufig ein Büchlein in die Hand gedrückt: *Tiefenpsychologie und neue Ethik* von Erich Neumann.

Gegen Ende meines Studiums wurde dieses Buch sehr wichtig für mich. Die Auseinandersetzung zwischen dem Männlichen und dem Weiblichen einerseits, Mensch und Gott andererseits brachte mich in eine schwere Krise; ein erschütterndes Erlebnis mit dem Tod ließ alle Ordnung in mir auseinanderbrechen – die Zeit der Kindheit endete mit einem Schlag. Wie nun die neue Tonart finden, ohne die eigene Melodie zu verlieren? Denn ohne diese Melodie ist man ein ausgestoßener Vogel.

Geführtes Zeichnen und Leibarbeit

Maria Hippius war eine Meisterin im Auffangen und Verwandeln von in Spaltung geratenen Menschen. Ihre Hilfe nahm ich gern in Anspruch und unterzog mich bei ihr im Sinne einer Jungianischen Lehranalyse den Methoden, die zur Selbstheilung führen sollten. «Du mußt dich am eigenen Schopf aus deinem Sumpf ziehen», sagte sie immer, «das ist initiatisches Tun.»

Die beiden Pfeiler meiner Therapie waren das geführte Zeichnen mit Maria Hippius und die Leibarbeit mit Graf Dürckheim. Das *geführte Zeichnen* – mit geschlossenen Augen, häufig mit beiden Händen – gibt Auskunft über die innere Verfassung und den momentanen seelischen Standort des Klienten. In zahlreichen Bildzyklen können die Entwicklungsschritte festgehalten und nachvollzogen werden. Auch der therapeutische Prozeß selbst wird beeinflußt, indem man die Bilder «nach außen setzt» und bewußt benennt.

Die *Leibarbeit* – nach Graf Dürckheim – basiert auf der Annahme, daß alle Ereignisse und Erlebnisse, die einem Menschen in seinem Dasein widerfahren sind, psychosomatisch gespeichert wurden. Leibtherapie bringt somit Verstrickungen zutage und führt zur Lösung somatisch manifestierter psychischer Verspannungen und der dahinterliegenden Verletzungen der Seele.

Kleine und Große Therapie

Maria Hippius-Gräfin Dürckheim und Graf Dürckheim haben in mir die Basis für den Individuationsprozeß geschaffen und mir den Rahmen vermittelt für eine Therapieform, in die ich seither viele weitere Methoden integrieren konnte und noch immer neue Verfahren aufnehmen kann. All die anderen großen Lehrer, die ich aufsuchte, ergänzten und vertieften meinen Entwicklungsprozeß: Meister Don Yon in Korea; Stanislav Grof in Essalen, der Initiator der Transpersonalen Therapie; Ralph Metzner in San Francisco und viele, viele andere. Einen weiteren starken Entwicklungsschub vermittelte mir die Ausbildung in Systemischer Therapie bei Bert Hellinger.

Die Initiatische Therapie aber ist bis heute mein Zuhause. Ausgehend vom «doppelten Ursprung des Menschen»[16], seiner zweifachen – natürlichen und übernatürlichen – Natur, bezieht sie sich auf das «Kleine» und auf das «Große Leben». Während das Kleine Leben auf den Zeitraum von der Geburt bis zum Tod begrenzt ist, beginnt das Große Leben weit vor der Geburt und reicht über den körperlichen Tod hinaus.

Entsprechend integriert die initiatische Methode die Kleine in die Große Therapie: Die erstere soll den außer Tritt geratenen Menschen in die Gesellschaftsnorm wieder eingliedern; die letztere dagegen nutzt die Krise als Ereignis von erneuernder und umwandelnder Kraft. Alle drei Ursachen für Probleme und Krisen, von denen das vorliegende Buch in der Hauptsache handelt, werden in diesem Initiatischen Haus angeschaut, bearbeitet, geordnet und kreativ gestaltet.

Übungen: Stilles Sitzen und Vorbereitung zum Handeln

1. Stilles Sitzen

Beachten Sie hierbei bitte dreierlei:

• Die Haltung

Ob Sie auf einem Stuhl oder im Schneidersitz (halber oder ganzer Lotos) sitzen, die Knie müssen in jedem Fall tiefer als das Becken sein. Achten Sie darauf, sich nicht zu überfordern, damit Ihre Aufmerksamkeit nicht durch Schmerzen abgelenkt wird. Im Schneidersitz sollte ein Meditationskissen benutzt werden; sitzt man auf den Fersen, schiebt man eine zusammengerollte Decke unter den Spann des Fußes.

Die Haltung des Oberkörpers ist aufrecht, der Nacken ein wenig gebeugt. Die Lippen sind leicht geschlossen, die Lider halb gesenkt. Etwas unterhalb des Nabels ruht die rechte in der linken Hand, wobei die Daumen sich waagerecht berühren.

• Die Atmung

Atmen Sie durch die Nase, und achten Sie auf die natürliche Bewegung Ihres Atems, ohne ihn willkürlich zu beeinflussen. Verfolgen Sie den Strom der Ausatmung, bis er wieder in die Einatmung umschlägt, und umgekehrt. Mit der Zeit wird Ihr Atmen immer langsamer und ruhiger werden.

• Das Bewußtsein

Die Gedanken sind wie eine Affenhorde, die Sie immer wieder ablenken will. Wenn möglich, kümmern Sie sich nicht um sie. Wenn das Probleme bereitet, beginnen Sie zu zählen: *eins* – Einatmung, *zwei* – Ausatmung und so weiter bis zehn; dann fangen Sie von vorn an und wiederholen diese Übung so lange, bis Ihr Kopf von Gedanken gereinigt ist. «Aus der Stille erhebt sich der unendliche Geist.»

Jede Übung im stillen Sitzen sollte mindestens fünf Minuten dauern, nach Möglichkeit länger: 10, 15, 20 Minuten …

Beginnen und beenden Sie jede Sitzung mit einer tiefen Verneigung.

Anfangs kann es ratsam sein, ein Meditationszentrum aufzusuchen, wo Sie von Geübten praktische Anweisungen erhalten und sich so Schmerz und Frustration ersparen können.

2. Vorbereitung zum Handeln

Setzen Sie sich vor Ihre Mesa und vollziehen das stille Ritual des Anzündens der Kerze und des Räucherstäbchens. Achten Sie auf Haltung und Atmung.

Dann stellen Sie sich die folgenden Fragen:

- Wo führt das hin, wenn ich so weiterlebe wie bisher?
- Welches Handeln wäre zu einer guten Veränderung notwendig, d. h. dazu, eine Not abzuwenden?
- Weshalb handle ich wider bessere Einsicht nicht?

3

Von der dritten zur vierten Dimension

Die Stufen der Entwicklung eines einzelnen Menschen spiegeln zugleich Etappen des menschheits- und stammesgeschichtlichen Prozesses: In unserem Leben durchlaufen wir die gesamte Evolution und sind überdies aufgerufen, die Schöpfung ein Stück weiterzutreiben. Zehnmal fünfzig Millionen Jahre hat es gedauert, bis wir diesen Funken Licht – genannt «Bewußtsein» – aus dem Magma unserer tiefen Seele schlugen. Aufbauend auf der Entwicklungsstufe seiner Ahnen, fängt jeder von uns auf dem Weg der Individuation immer wieder von vorne an.

Das «kleine Ich»

Da ist zunächst das «kleine Ich», wie die Initiatische Therapie es nennt: Das Unbewußte regiert. Kollektive Kräfte suchen den Menschen heim: Gier und Macht, Haß und Rausch, Faszination, Stolz und Übermut. Wir sind im Bann der Großen Mutter, der naturhaften Triebkräfte; wie natürliche Kinder sind wir auf dieser Stufe, die lachen und weinen, rein von ihren Gefühlen bestimmt. Als Kinder so zu empfinden, ist normal, aber mit dreißig, gar mit fünfzig Jahren sollten wir nicht mehr so gefühlsabhängig und impulsiv wie kleine Kinder sein.

Das kleine Ich wird nicht allein vom Unbewußten, sondern auch vom wachsenden Intellekt gesteuert; ihrer beider gemeinsame Regentschaft nennen wir Trieb-Ratio-Struktur. Aber auch der rationale Teil dieses Ichs ist noch ganz im Kollektiv verhaftet: nach außen gerichtet, nach Anerkennung gierend, die das Ich auf dieser Stufe zu Hause und im Beruf auch bekommt. Kind und Intellekt paktieren; ausgespart wird das Herz. Daher bleibt, wer sich der weiteren Entwicklung verweigert – ob aus Gewohnheit, der Mutter oder der Karriere zuliebe – im Dickicht unbewußten Handelns und rationalen Kalküls verfangen.

Das «Welt-Ich»

Die nächste Stufe ist das «Welt-Ich». Es repräsentiert den guten Menschen – doch gut zu sein, sagte schon Graf Dürckheim, genügt heutzutage nicht mehr. Wer nach den Geboten der Kirche und den Gesetzen des Staates lebt, bleibt immer noch in der «dritten Dimension» verhaftet, wie es die Initiatische Therapie nennt: Auch das «Welt-Ich» ist im Kollektiv gefangen und das Dasein weithin unbewußt.

Erst im Sprung über sich hinaus gelangt man in die «vierte Dimension» und beginnt seinen Weg und seine Lebensaufgabe zu suchen. Einen Weg, der aus der Oase des Kollektivs hinaus, zum Bruch mit den alten Gewohnheiten und zum Verstoß gegen die Gesetze des Alten führt – den Weg *Kains*, wie ich ihn eingangs dieses Buches geschildert habe.

Viele Menschen – insbesondere die Männer in unserer Gesellschaft –, die sich aufgeklärt und realistisch gebärden, verdrängen diese Herausforderung aus Angst vor kollektiver Mißachtung. Abspaltung und Pervertierung der Werte sind die Folge solcher Scheu vor Bloßstellung und Schwäche. Wer sich nicht zu überschreiten wagt, bleibt auf der Strecke, verkümmert zum bloßen Sprachrohr ohne Herz und persönliche Entwicklung.

Die zweite Geburt

Unsere zweite Geburt beginnt mit dem bewußten Abschied von Vater und Mutter. Stets gestaltet sie sich nach dem Modell der ersten Geburt: Zögerlich oder stürmisch wird sie eingeleitet und vollzogen.

Haben wir die erste Geburt nochmals bewußt durchlebt, so haben wir die Voraussetzung für eine gelingende zweite Geburt geschaffen, bei der wir Gebärende und Geborene zugleich sind. Die zweite Geburt übersteigt die natürliche oder dritte Dimension und führt uns als transpersonale Geburt in die vierte Dimension. Es ist die Geburt in die Bewußtheit.

In unserer Gesellschaft fällt Frauen dieser Weg der zweiten Geburt leichter als den meisten Männern. An der Erneuerung unserer Erde haben die Frauen ohnehin wesentlich stärkeren Anteil – und zwar solche Frauen, die durch die Männerwelt gegangen sind, ohne ihr Frausein verloren zu haben; nicht jene, die versuchen, die «besseren Männer» zu sein. Umgekehrt müssen Männer, um den Weg der zweiten Geburt zu beschreiten, durch die Bereiche der Weiblichkeit gehen, ohne ihr Mannsein aufzugeben. Dabei jedoch stoßen die meisten Männer an die Grenzen ihres Mutes: Eigene Weiblichkeit zuzulassen bedeutet ja auch, Schwäche zu zeigen und Zärtlichkeit anzunehmen und zu geben.

Die Eigenschaften des Männlichen sind: Klarheit, Offenheit, Tapferkeit, Entscheidungsfähigkeit, Abschneiden und Trennen – das vertikale Prinzip der Ordnung. Schlagen diese Eigenschaften ins Negative um, so entstehen: Härte, Sturheit, Prinzipienreiterei, Tyrannei.

Und die Eigenschaften des Weiblichen: das Bergende, Verstehende, Heilende, Integrationsfähigkeit, Verbinden und Bewahren – das horizontale Prinzip der Fülle. Schlagen diese Eigenschaften ins Negative um, so drohen: Unentschiedenheit, Auflösung, Chaos.

Die zweite Geburt oder der Sprung in die vierte Dimension bedeutet, daß wir sowohl das irdische Leben von der Geburt bis zum Tod als auch das überirdische oder transpersonale Leben bejahen, das lange vor unserer Geburt begonnen hat und mit dem irdischen Tod nicht endet. Das Leben nach der zweiten Geburt läßt somit die nicht sichtbare Welt der transpersonalen Erfahrungen ebenso gelten wie die Welt der sichtbaren Erscheinungsformen.

Drei Geburten – drei Tode

Wir gehen durch drei Geburten und damit auch durch drei Tode:

- die leibliche Geburt durch die Mutter oder die Geburt in die dritte Dimension;
- die Geburt in die vierte Dimension – beginnend mit dem bewußten Abschied von den Eltern –, in der wir das eigene Gesetz erkennen;
- die Geburt in die fünfte Dimension, in der wir das Gesetz bewußt anwenden und leben.

Wer sich diesem Weg jedoch verweigert, seine begünstigte Situation (in der wir im Westen alle leben) vertut, indem er räsoniert und mäkelt und so sich selber lähmt, der bleibt hängen in der Neurose der Privilegierten.

Übung: Geführtes Zeichnen

Das geführte Zeichnen ist auch ein Ausgleichsprinzip wie Yin und Yang. Wenn Sie zu sehr im Männlichen, Harten, Inflexiblen erstarrt sind, zeichnen Sie mit halb geschlossenen Augen: Schalen, Arkaden, Spiralen und Kreise. Sind Sie dagegen in Gefahr, sich aufzulösen, so zeichnen Sie männliche Formen: Punkt und Strich, Dreieck, Quadrat und die eckige Spirale.

Auf den Körper bezogen lassen sich diese Prinzipien so anwenden: Vollführen Sie fließende, wellenförmige Bewegungen, um Ihre weibliche Seite zu verstärken. Wollen Sie dagegen Ihre männliche Seite fördern, so machen Sie vertikale Bewegungen wie bei einem Schwerthieb.

4

Seinserfahrungen

Im Verlauf des Lebens macht jeder Mensch ekstatische oder schmerzliche Seinserfahrungen. Es kommt jedoch darauf an, was er damit anfängt. Wer sie möglichst rasch wieder zu vergessen versucht, verschenkt eine kostbare, womöglich nur noch selten wiederkehrende Chance. Denn jede Seinserfahrung birgt einen initiatischen Moment des Neubeginns in sich: die Gelegenheit, das Tor zur Selbstwerdung zu öffnen, die Chance zum Sprung in die vierte Dimension.

Es gibt zwei Wege, Seinserfahrungen zu erleben: den natürlichen – die unerwartete Heimsuchung – und den kunstvoll gebahnten, initiiert durch Rituale wie «Provokation» oder «Drachenkampf», auf die ich später noch näher eingehe. Als Beispiel für eine vertane initiatische Chance sei hier kurz die Geschichte vom Tiefseetaucher erzählt:

> Bei einem Tauchgang versagt sein Atemgerät. Er wird klinisch tot geborgen und von seinen Freunden durch Reanimation wiederbelebt. Endlich kommt er zu sich und ruft aus: «Ich habe das Jenseits gesehen! Mein Gott, wie falsch ich bisher lebte! Ich muß mein Leben von Grund auf ändern, völlig andere Prioritäten setzen ...» Seine Begleiter spüren, wie sehr er durch die Nahtoderfahrung ergriffen ist.

Ein Jahr darauf trifft der Gerettete wieder mit einem der anderen Taucher zusammen, und dieser fragt ihn: «Was hast du seitdem an deinem Leben geändert?» – «Ach was», ist die Antwort, «das war doch damals alles nur Einbildung und Hysterie.» Damit ist die Chance zum Neubeginn vertan.

Als ich selbst elf oder zwölf Jahre alt war, traf es auch mich wie ein Blitz: Es war gegen vier Uhr nachmittags; ich trat aus der Tür meines Elternhauses, und da überflutete es mich mit einem Mal – das Gefühl der innigsten Selbstliebe, des Eingebundenseins in alles, was existiert. Das Gefühl, willkommen, geliebt und allem in ebenso großer Liebe zugewandt zu sein. Wie vom Schlag gerührt, zutiefst erschüttert und bewegt, stand ich da – ein Erlebnis ekstatischer *Einsheit*, das ich niemals vergessen habe.

Neben diesen Beispielen natürlicher, unerwarteter Seinserfahrung sei hier eine kunstvoll eingeleitete Seinserfahrung erwähnt, die ich bei einem sogenannten *Enlightenment Intensive* erfuhr. Bei dieser langwierigen Übung, einer Mischung aus Koan-Meditation und Selbstgehirnwäsche, versucht man mit immer neuen Partnern einer Frage auf die Spur zu kommen: «Wer bist du?», «Was bist du?», oder: «Was ist deine wahre Natur?», «Was ist Leben?», «Was ist Liebe?» Im Fünf-Minuten-Rhythmus wird man gefragt und gibt Auskunft, und das vier Tage lang in täglich etwa zehn Arbeitseinheiten à vierzig Minuten.

Es war am letzten dieser vier Tage. Der Gedanke *Nur ich schaffe es nicht, alle anderen schaffen es*, verkrampfte mir Gehirn und Körper. Als ich endlich loslassen konnte, spürte ich einen kraftvollen Schlag aufs Kreuzbein, und mich packte das Große Lachen, vom dem es heißt, daß es bis zum Mond erklinge. Ich rannte in die Natur hinaus und fühlte Einheit mit allem Geschaffenen, lief über die Felder und spürte, daß ich etwa zwanzig Zentimeter über dem Boden tanzte. «Das darfst du nie vergessen, es ist so herrlich!» nahm ich mir damals überglücklich vor.

Sechs Bereiche ekstatischer Seinserfahrungen

Auch Sie, liebe Leser, werden sich an solche Seinserfahrungen erinnern. Sie sind ungewöhnlich, kommen unerwartet, aus einer anderen Dimension und treffen uns tief. Nach Graf Dürckheim können ekstatische Seinserfahrungen in den folgenden Bereichen wirksam werden:

1. in der *Natur* – durch das Erleben einer Landschaft mit Kraftplätzen oder der Urgewalt von Meer oder Bergen;
2. im *Sexus* – durch ein tiefes Vereinigungserlebnis mit einem Partner auf allen drei Ebenen: des Körpers, der Seele und des Geistes;
3. in der *Kunst* – durch die Begegnung mit einem ergreifenden Werk der Literatur, Musik oder bildenden Künste;
4. in *Kult und Ritus* – etwa durch die Erfahrung einer initiatischen Einweihung oder durch ein schamanisches Ritual.

Nach meiner Ansicht muß diese Liste um zwei weitere Bereiche ergänzt werden: Seinserfahrungen werden auch hervorgerufen

5. durch die *schamanische Medizin* magischer Pflanzen[17] und
6. im Durch- und Nacherleben von *Mythen*, etwa des Mythos vom Drachenkampf oder der Mythen vom Leiden und Sterben Christi, der initiatischen Reise von Odysseus, des Mythos von Isis und Osiris und anderer mehr.

In allen sechs Bereichen geht es darum, durch ekstatische Seinserfahrungen das Bewußtsein zu erweitern, zu vertiefen und zu differenzieren, also seinen Wachstumsprozeß zu fördern.

Neben diesen ekstatischen können uns auch die schmerzlichen Seinserfahrungen wie ein initiatischer Schlag treffen. Solche Hiebe, ausgeführt vom großen Therapeuten namens Schicksal, können Krankheiten und Unfälle, Verlust von Besitz oder Tod von Angehörigen sein. Wenn wir zur Verwandlung bereit sind, kann auch der schmerzliche Schlag zur «Zündung» führen – eine Erfahrung, die in Initiatischen und Transpersonalen Therapien genutzt wird, indem man den Klienten anhält, sein vergangenes Leid dissoziativ – von heute aus, ohne Identifikation – anzuschauen und im nochmaligen Erleben zu verwandeln.

Übungen: Seinserfahrungen und Kin-Hin

1. Seinserfahrungen

Überlegen Sie im stillen Sitzen, wo Sie in Ihrem Leben Seinserfahrungen gemacht haben. Vergegenwärtigen Sie sich diese Erlebnisse. Was war ihre Botschaft? Haben Sie diese verstanden und umgesetzt?

2. Kin-Hin, das langsame Schreiten

Manchmal, wenn Unruhe oder Sorge einen treiben, fällt das stille Sitzen schwer. Hilfreich kann dann eine Übung in Aktion sein: Stellen Sie sich hin, die Hände vor der Brust übereinander gelegt, und achten Sie darauf, die Schultern nicht hochzuziehen. In Zeitlupe heben Sie nun den rechten Fuß, setzen ihn mit der Ferse in Höhe des linken großen Zehs auf und rollen ihn ab. Dann hebt sich der linke Fuß, setzt in Höhe des rechten großen Zehs auf, rollt ab und so weiter. Die Füße sollen kraftvoll und gleichmäßig auf den Boden treten und feste Abdrücke hinterlassen, etwa so, wie wenn man über einen Sandstrand geht. Atmen Sie jedesmal aus, wenn der Fuß auf den Boden aufsetzt.

Die Augen sind auf eine Linie etwa einen Meter fünfzig voraus auf den Boden gerichtet; der Kopf steht aufrecht zwischen den Schultern. Schreiten Sie keine Rundungen, sondern drehen sich vor einer Wand oder einem sonstigen Hindernis um 90 Grad und gehen geradewegs weiter.

5

Der Prozeß der Selbstwerdung

Wer eine Seinserfahrung als Chance nutzt, tritt gleichsam vom Kreis in die Spirale: Der Neubeginn öffnet das Tor zur Individuation – oder zum Prozeß der Selbstwerdung, wie ich es nenne. Dieser Prozeß kann nur mit täglicher Übung gemeistert werden. Jeden – wirklich jeden – Tag müssen wir der Seele Nahrung geben: durch Herzensgebete, Dank und Lobpreisen der Götter und Göttinnen, stilles Sitzen und Kontemplation oder Meditation.

Tägliche Übung

Darüber hinaus kann als Übung jede Handlung dienen, die einfach und wiederholbar ist: bewußtes und langsam vollzogenes Geschirrspülen, bewußt vollzogenes Joggen und manches mehr. Der Ferne Osten kennt viele Wege der Selbstfindung: männliche Übungswege wie I-ai-Do, die Kunst, das Schwert zu ziehen; Ai-Ki-Do, den Weg der waffenlosen Kunst; Kyu-Do, den Weg des Bogenschießens; oder Ken-Do, den Weg des Schwertes; und weibliche Übungswege wie Sa-Do, den Weg der Teezeremonie; Kalligraphie, den Weg des Tuschezeichnens; oder Ikebana, den Weg des Blumensteckens. In jeder dieser

Übungen gilt als wichtigstes die Dreiheit, die ich oben erklärt habe: Haltung – Atmung – Bewußtsein. Daß einer seinen Weg geht, zeigt sich daran, daß ihm die tägliche Übung unentbehrlich geworden ist.

Spannungen und Spaltungen

Wer das Tor der Initiation durchschreitet, sich auf den Prozeß der Selbstwerdung einläßt, gerät zwangsläufig in Spannungsfelder zwischen seiner Innen- und der konkreten Außenwelt. Das kann manchmal bis zur Spaltung führen, doch gut vorbereitet und aufgefangen kehrt man unversehrt und mit Schätzen wieder heim. Dieses Abenteuer wird auch im initiatischen Ritual des Drachenkampfs geprobt: Die Spannung zwischen Held und Drache – der hellen und der dunklen Seite des Selbst – gilt es für einige Zeit auszuhalten und nach und nach zu integrieren, denn gerade aus ihr erwächst die Schöpferkraft.

In früheren Zeiten – bei Sumerern, Ägyptern, Griechen und vielen anderen Völkern – gab es eine gesetzmäßige, kulturell vermittelte Abfolge von Entwicklungsstufen. In Mysterienhäusern unterzogen sich Initianten den jeweiligen Einweihungen, etwa den dionysischen und apollinischen Mysterien der Griechen. Heute dagegen taumeln viele junge Menschen mit Seinserfahrungen umher und suchen vergeblich Halt, Stütze und Deutung. Woher sollten sie wissen, was mit ihnen geschehen ist – als Angehörige einer Kultur, die solche Geschehnisse selbst nicht mehr versteht?

Die vorübergehende Spaltung kann sich auch als Spannung zwischen Natur und Geist in einem selbst manifestieren. Da ist einerseits die Natur mit ihrer ungeheuren Vitalität, die den

Affekt lebt, den Trieb, das sogenannte Grobstoffliche, die phallische Kraft. In Traum, Kunst und Überlieferung repräsentieren mythische Figuren wie Zyklopen oder Schwarzmagier, herrschsüchtige Könige oder Hexen diese elementaren Kräfte, die sich gegen das Geistige erheben. Auf der anderen Seite stehen Maria im Gegensatz zur «sündigen Eva», die feinstoffliche Kraft des apollinischen Sonnenmannes oder des guten, weisen Königs.

Gelungene Integration

Die Mythologie kennt auch Bilder für die gelungene Integration von Natur und Geist – zum Beispiel den Mann mit dem goldenen Phallus oder den Penis mit dem Auge (also den bewußten Mann, der mit der Naturkraft umzugehen versteht) oder die vom Geist beseelte Mutter Isis. Neben den vier klassischen Disziplinen der Esoterik – Magie und Alchimie, Astrologie und Kabbala – ist es gerade die Mythologie, die uns die menschlichen Entwicklungsprozesse in Bildwelten eindrücklich vor Augen führt.[18]

Dieser Prozeß des Durchstreifens und Ordnens unseres Selbst führt uns – sofern er gelingt – von der dritten in die vierte Dimension. Was wir auf der fünften Stufe (verbildlicht als Haus oder Pyramide) erfahren, kann man auch «innerseelischen Quantensprung» nennen. Dort werden ungeheure Kraftpotentiale frei, da der Held den Drachen nun nicht mehr tötet, sondern in einer höheren Form besiegt: Er «bezwingt» ihn durch Anerkennung: Integration kann sich ereignen.

Übung: Hara-Kraft-Atmung zur Steigerung der Energie

1. Legen Sie die rechte Faust oberhalb, die linke unterhalb des Nabels auf Ihren Bauch. Beim Einatmen sollte die rechte, beim Ausatmen die linke Faust nach vorn gedrückt werden. Letzteres fällt Ihnen zunächst vielleicht schwer. Gelingt es schließlich doch, so wird der Unterbauch fest (im Sängerjargon «Stütz» genannt). Durch dieses gleichmäßige Atmen entsteht eine kräftigende Blasebalgbewegung.

Um das «Hara», also den Unterbauch, noch mehr zu stärken, können Sie auch folgende Übungen versuchen:

2. Zu zweit: Jeder setzt sich ein Ende eines Besenstiels unter dem Nabel auf den Bauch. Der eine beginnt die Silben «Ha-ha-ha» kraftvoll auszusprechen und schiebt im Ausatmen bei jeder Silbe (nicht durch Bekkenbewegungen, nur mit dem hervorschnellenden Unterbauch!) den Stiel stoßweise auf den anderen zu. Dann ist der andere dran, sagt seinerseits «Ha-ha-ha» und schiebt so den Stiel zurück. – Diese Übung setzen Sie mit «He – Hi – Ho – Hu – Hä – Hö – Hü – Hai – Heu – Hau» fort und wiederholen sie jeweils dreimal.
3. Allein: Ein Stielende sitzt unter dem Nabel auf dem Bauch, das andere stößt an eine Wand. Nun führen Sie die unter 2. beschriebene Übung durch. Da die Wand nicht nachgibt wie der Bauch des Partners, fällt der Rückstoß naturgemäß etwas kräftiger aus.

Für alle hier genannten Übungen gilt: Der Bauch soll der vorderste Punkt Ihres Körpers sein. Schieben Sie ihn so weit wie möglich nach vorn. Auf keinen Fall darf der Brustbereich der vorderste Punkt sein! «Brust nach vorn» bedeutet: *Ich muß, ich will!* Dagegen heißt «Bauch nach vorn»: *Ich kann, ich darf.* Gelassenheit, Ruhe und Kraft breiten sich aus, und das Selbstbewußtsein wird gestärkt.

6

Die Kraft zum Handeln

Erkennen allein genügt nicht: Wir müssen unser Wissen auch in Handlung umsetzen. Diese Kraft zum Handeln erwächst uns aus der dunklen Seite, von dort, wo manch einer nicht hinschauen will, weil es ihm ärgerlich oder peinlich ist.

Aber gerade im Drachenland der inneren Unterwelt, im Schattenbereich des Selbst, liegen – wie gesagt – die Schätze, von denen schon die alten Mythen künden. Wir müssen hinabsteigen, uns darauf einlassen und dem aussetzen, was uns dort unten scheinbar droht und uns verschlingen will. Dann gewinnen wir kostbare Schätze wie Mut und Kraft, Liebe und Zärtlichkeit, aufrechtes Stehen, Treue und Freundschaft, Demut, Sanftheit und Weisheit …

Doch obwohl uns solche Schätze im Drachenland erwarten, lehnen wir lieber ab, verdrängen und blenden aus: Leiden ist leichter als handeln. Alles kann man dem Menschen nehmen, nur sein Leid gibt er nicht her.

Gefühlsketten und Blockaden

Im Laufe des Lebens haben wir einiges «hinunterschlucken» müssen. Gerade in der Kindheit fühlen wir uns ohnmächtig, wenn wir verletzt werden und uns nicht wehren können. Oftmals fürchten wir, nicht mehr dazuzugehören und die elterliche Liebe – später die des Partners – zu verlieren, wenn wir uns wehren. Also schlucken wir die aufsteigenden Gefühle wieder hinunter, zusammen mit Speichel oder Schleim, der sich am Mageneingang sammelt. Dieser Schluckschleim ist – neben anderen Faktoren wie schlechter Ernährung oder Umweltvergiftung – mitverantwortlich für Magengeschwüre, nicht selten auch für Magenkrebs.

Schauen wir uns die unverarbeiteten Ereignisse in der Therapie noch einmal an, so drängt dieser Schluckschleim wieder hoch, und mit ihm die verdrängten Gefühle. Ganze Gefühlsketten kommen auf diese Weise wieder ans Licht: zunächst Liebe, die einst getroffen wurde vom Schmerz der Verletzung, was wiederum Angst vor neuerlichem Schmerz, aber auch Schuldgefühle («Was habe ich falsch gemacht?») auslöste. Auf diese Gefühle folgte Wut über das Erlittene, über die sich schließlich Trauer gelegt hat – oft schon vor Jahren und Jahrzehnten. Wenn nun diese Gefühlsketten emotionalisiert werden – wenn wir ihnen also erlauben, sich auszudrücken –, dann tritt Befreiung ein, und das Grundgefühl der Liebe kann wieder ungehindert fließen. Auch die Krebstherapie von Carl O. Simonton und Wolf Büntig basiert unter anderem darauf, Wut und Zorn, Haß und Rache zu entladen, damit gewünschte Heilung möglich wird.[19]

Grundgefühle und Reaktionsgefühle

Liebe und Geborgenheit, Angekommen- und Angenommensein gehören zu den menschlichen Grundgefühlen. Davor liegende, vielfach unterdrückte Reaktionsgefühle wie Wut oder Angst, Schmerz oder Trauer können den Zugang zu diesen guten Grundgefühlen versperren und damit zugleich unsere Kraft zum Handeln blockieren.

Wenn wir aber diese Reaktionsgefühle abreagieren, ist der freie Fluß der Liebe wiederhergestellt, und das Dunkel lichtet sich: Ungeahnte Kräfte werden frei, Zentnerlasten fallen von den Schultern; tief atmet man durch und fühlt, wie die Beklemmung in der Brust endlich weicht. Lange Zeit blockierte Energien durchströmen uns wieder. Von Grund auf fühlt man sich gereinigt – an Körper, Seele und Geist.

Nicht wenige Menschen haben indessen gelernt, frühere Verletzungen so weitgehend auszublenden, daß sie nur noch die Trauer fühlen, deren eigentlichen Grund sie jedoch «vergessen» haben. Meist berichten sie dann, daß sie immer wieder einmal – scheinbar grundlos – in Tränen ausbrechen, und sprechen von einem «Knödel im Bauch» oder einem «Kloß im Hals». Offenbar möchte sich dort etwas, das blockiert ist, befreien. Um was für eine Blockade handelt es sich?

In dem sogenannten «Kloß» oder «Knödel» vermischen sich zwei Gefühle: die Liebe als Grundgefühl und als Reaktionsgefühl der Zorn über eine erlittene Verletzung, der permanente Abwehr- und Verteidigungsbereitschaft hervorruft. Beide stehen sich gleich stark gegenüber und blockieren einander: eine Pattsituation, die wiederum die Kraft zum Handeln lähmt und mit der Zeit zur Erschöpfung führt. Viele Menschen, die sich erschöpft fühlen, obwohl sie nicht viel (oder überhaupt nicht) arbeiten, leiden unter diesem Syndrom: innerer Erschöpfung infolge einer – meist viele Jahre währenden – wechselseitigen Blockade konträrer Gefühle.

Trennt man die einander blockierenden Gefühlsbereiche, so fallen auf der Seite der Liebe Sätze wie: «Mama, du fehlst mir! Ich brauche dich! Mama, ich liebe dich!» Und auf der Seite des Zorns: «Es hat sehr weh getan! Ich habe ungeheuren Zorn auf dich! Ich mag dich nicht! Ich wehre mich, wenn du mir wieder so kommst!» Damit kann sich ein Dialog entfalten: Aussprache und Annäherung werden möglich, wo vorher Schweigen herrschte; Anerkennung und Einsicht, wo bis dahin Trotz den Blick verstellte. Rasch fällt nun die Blockade, und Befriedung tritt ein.

Das kostbare Leid

Was aber, wenn jemand sein Leid nicht hergeben will, wenn er oder sie darauf beharrt, lieber weiterhin zu leiden als dem Blick des Drachen einmal wirklich standzuhalten?

Ich erinnere mich an eine Frau, die vor Jahren bei mir war. Sie berichtete, daß sie seit über dreißig Jahren leide und seit zehn Jahren in Therapie sei, doch ohne durchschlagenden Erfolg. Aus ihrer Lebensgeschichte, die sie erzählte, wurde mir deutlich, daß sie in starker systemischer Verstrickung befangen war. Ich erklärte ihr, daß die Ordnung ihres Herkunftssystems in einer Systemgruppe ihr mit hoher Wahrscheinlichkeit Linderung ihres Leids, vermutlich auch die Lösung ihres Problems bringen werde. Alles, was sie bisher im therapeutischen Sinn unternommen habe, habe der Vorbereitung auf diese Lösung gedient, fügte ich hinzu – und konnte dennoch nicht verhindern, daß sie mein Angebot zutiefst betroffen zurückwies:

«Dreißig Jahre leide ich, zehn Jahre bin ich in Therapie und habe Unsummen dafür ausgegeben – und jetzt soll das alles mit einer einzigen systemischen Stellung behoben werden?» Nach diesen Worten stand sie auf und ging davon.

Ich habe die Frau nie wiedergesehen. Was mag in ihr vorgegangen sein? Vielleicht habe ich ihr Leid zuwenig gewürdigt. Oder fürchtete sie gar, es könne ihr ein für allemal genommen werden?

Übungen: Sich kennenlernen und Das Umarmen

1. Sich kennenlernen

Notieren Sie Sätze, die mit «Ich mag an dir ...» beginnen. Listen Sie auf, was Sie an sich selbst mögen, z.B. «... deine Zuverlässigkeit» oder «... daß du, was du denkst, auch vertrittst» usw.

Auf einem anderen Blatt notieren Sie nun Sätze, die so beginnen: «Ich habe Schwierigkeiten ...». Listen Sie hier all die Gründe auf, weshalb Sie mit sich selbst unzufrieden sind: «... mit deiner Unpünktlichkeit», «... mit deiner Angst vor Kontakt» usw. Legen Sie diese Liste an, ohne sich böse zu sein.

Setzen Sie sich nun vor den Spiegel und sprechen Ihrem Gegenüber die Sätze beider Listen mit freundlicher Aufmerksamkeit ins Gesicht.

2. Das Umarmen

An der Art, wie einer umarmt, läßt sich erkennen, wie er sich des anderen «bedient». Man kann entweder den anderen grapschen, herbeiziehen, vereinnahmen, in die Zange nehmen, einsperren, quetschen, nicht mehr freigeben, aushebeln, aufheben, ihm den Boden entziehen. Oder man kann sich ihm überlassen, ihn als Kleiderständer benutzen und sich draufhängen, in ihn hineinkriechen, ihn wegdrücken, sich steif machen und kalt werden wie ein Eiszapfen. Auch hier gilt: Gelernt ist gelernt – und zwar vor dem ersten Lebensjahr zwischen Mutter und Kind.

Die richtige Weise des Umarmens: Jeder steht selbständig auf beiden Beinen; geht einer weg, so fällt der andere nicht um. Und bedenken Sie bitte auch: Das schönste Erlebnis kann zu einer Folter werden, wenn es zu lange dauert.

Überprüfen Sie nun – gespannt auf sich selbst – wie Sie sich eines anderen bedienen. Vergessen Sie nicht, einander anzuschauen, bevor Sie sich in die Arme nehmen. Sonst blicken beide am Hals des anderen irgendwohin in die Ferne, ohne einander wirklich begegnet zu sein.

Auf den Punkt gebracht

- Die therapeutische Wegführung und -begleitung geschieht zweigleisig: Das eine Gleis ist die aufdeckende, Ordnung schaffende und verwandelnde Arbeit an der Vergangenheit, das andere die Stärkung des positiven Kerns. Letztere erfordert tägliche – kontemplative oder meditative – Übung, die uns die Kraft gibt, unserem inneren Weg zu folgen.
- Die Quellen unserer Konflikte suchen wir aus innerer Notwendigkeit auf: Der Blick in die Vergangenheit erspart uns, sie zu wiederholen.
- Integriert in die Initiatische Therapie, sind geführtes Zeichnen, Leibarbeit und alle Methoden der Humanistischen und Transpersonalen Psychologie für eine gute Lösung hilfreich.
- Unsere Aufgabe als Mensch ist es, uns selbst zu überschreiten im Sprung vom «Welt-Ich» in die vierte und schließlich in die fünfte Dimension.
- Seinserfahrungen bilden das Tor zum Neubeginn, zum Prozeß der Selbstwerdung. Sie können natürlichen Ursprungs oder kunstvoll eingeleitet sein. In jedem Fall sind es Erfahrungen von transzendenter Qualität.
- Im Prozeß der Selbstwerdung erforschen wir unser inneres Selbst und lernen, die Spannung zwischen der hellen und der dunklen Seite des Selbst auszuhalten und als schöpferische Kraft zu integrieren.
- Wenn wir die Kraft zum Handeln aufbringen, treten Befreiung und Befriedung ein: Die innere Blockade fällt, und der Strom der Liebe fließt wieder frei.

Teil II

Der traumatische Vorfall als erste Problemursache

1

Wahrnehmen – erkennen – handeln – gestalten

Der traumatische Bereich, das sind die Schmerzen und Verletzungen in der uterinen Zeit der Schwangerschaft, in der Geburtsphase und während der Säuglingszeit, sodann in Kindheit und Jugend. Damit wir traumatisch bedingte Konflikte lösen können, müssen die zugrundeliegenden Vorfälle «nach außen gesetzt» werden. Diese Erkenntnis widerlegt die Mär vom stillen Kämmerlein: Wirkliche Veränderung und Verwandlung benötigt den Kontakt zum Du.

Betrachten wir die folgenden vier Schritte, so wird deutlich, daß allenfalls die Etappen eins und zwei ohne Zeugen und Mitakteure gelingen können:

1. Wahrnehmen der Symptome
2. Erkennen der Ursachen
3. Handeln: das Muster ändern, austauschen, verwandeln
4. Gestalten: das neue Muster auf alle Bereiche des Lebens übertragen, also in den Alltag integrieren

Wer in der ersten oder zweiten Etappe hängenbleibt, ändert nichts, sondern mehrt allenfalls die Kuriositätensammlung der klassischen Psychoanalyse: bis zu acht Jahre lang analysiert, alles durchschaut und doch nicht gehandelt, also auch nichts wirklich geändert. Wer alles über sich weiß, verfügt über die Voraussetzungen zum Handeln – aber das Handeln selbst steht trotzdem noch aus. Und weiterhin gilt der Satz, daß Leiden leichter als Handeln ist.

Ohne die Verdienste der klassischen Analyse schmälern zu wollen: Sie nimmt sich allein der ersten beiden Entwicklungsschritte an und berücksichtigt – meiner Erfahrung nach – zuwenig die Weiterentwicklung, die während der letzten Jahrzehnte in der Psychologie stattgefunden hat. Therapiemethoden, die das Handeln und Gestalten einbeziehen – wie etwa die Initiatische Therapie –, befähigen den Klienten, nicht erlernte oder neurotisch belastete Handlungsmuster anzuschauen und nachholend zu erlernen bzw. zu verändern, so daß die Angst vor solchem Handeln überwunden wird.

Hierzu ein Beispiel: Wenn ein Mensch Kontaktschwierigkeiten hat, weil sein Erfahrungsmuster «Niemand liebt mich» heißt, so lebt in ihm trotzdem die Sehnsucht nach Nähe. Also beginnt er auf den anderen zuzugehen, doch auf halber Strecke hält er inne: Das Erfahrungsmuster beginnt zu wirken und hält ihn zurück wie ein zu kurzes Gummiband. So erstarrt er in blankem Nichthandeln und wird zuletzt ein Skelett der Liebe.

Das Skelett hinterm Busch

Es klingt wie ein leichter Scherz und lotet doch tiefer, als man auf den ersten Blick erkennt: Hinter einem Busch wird ein Skelett gefunden – wer ist das? Antwort: Das war einer, der beim Versteckspielen gewonnen hat …

Mir erscheint dieser Scherz wie ein verdichtetes Gleichnis

auf das gesamte therapeutische Bemühen. Denn bei diesem geht es ja immer wieder darum, den Versteckspieler hinter seinem Gebüsch hervorzulocken, ihn zumindest zu dem Ruf «Hier bin ich!» zu bewegen – auf die Gefahr hin, daß er das Spiel verliert, also verletzt oder zurückgewiesen wird. Wer mehr wagt, wird vielleicht sogar rufen: «Sieh mich an! Hör mich an!» Und vor allem: «Öffne deine Hände und nimm meine Liebe! Öffne deine Arme und nimm mich, wie ich bin!»

Aber wer geht ein solches Risiko ein? Höchstens die Abenteurer des Lebens, die Mutigen und Tapferen – während die meisten furchtsam hinterm Busch hocken bleiben und denken: «Wenn er mich gern hat, wird er mich schon finden.»

Doch was man gänzlich ohne Risiko tut, hat auch keine Wirkung: Niemand kommt, und so verdorrt der traurige Gewinner des Versteckspiels mit all seiner zurückgehaltenen Liebe – und später mit all seiner unterdrückten Wut. So wie es weiland Dornröschen fast geschehen wäre: Hunderte kamen, fasziniert von der schönen Jungfrau, die hinter blühenden Heckenrosen in ihrem Schloß schlief, doch alle – bis auf einen – kamen in den Dornen elend um. Die Hecke dient hier nicht nur als Versteck, sondern als dornenbewehrte Verteidigungsmauer: Wer sie durchdringen will, soll sterben. Dornröschen kann keine Liebe annehmen, deshalb hat es selbst die Mauer angelegt – die Zauberin, die im Märchen die Dornenhecke wuchern ließ, lebt in jedem von uns selbst.

Ein moderner Prinz aber läßt sich nicht so leicht kastrieren. Er wartet, bis sich das Tor von selbst öffnet, dann tritt er ein, versucht sein Glück und gewinnt oder verliert. Doch seine Manneskraft, sein Leben oder seine Würde stehen nicht auf dem Spiel.

Umgekehrt wartet ein heutiges Dornröschen nicht, bis ein

Prinz sich durch Heckenrosendornen hindurchgekämpft hat – vielleicht erst nach Jahren und Jahrzehnten. Die Jungfrau setzt sich auf und sagt zu sich: «Genug erbost, getrotzt und auch getrauert – ich öffne Tür und Fenster, ich wag' es! Man wird ja auch nicht jünger ...»

Das Hauptthema der traumatischen Erlebnisse

Was lehren uns diese Beispiele vom Skelett hinterm Busch und von Dornröschen? Das Hauptthema der traumatischen Erlebnisse heißt: *die gestörte Bewegung des Kindes zu Mutter oder Vater.* Solche Ereignisse wiederholter Unterbrechung finden meist in den ersten sieben Lebensjahren statt.

Für ein Kind ist es wichtiger als alles andere, jemandem seine Liebe geben zu können. Wenn die Eltern es ablehnen oder abwesend sind – was auch bei körperlicher Präsenz möglich ist, etwa bei depressiven Müttern –, wird diese Hinbewegung ebenso gestört wie in Familien, in denen es an Geborgenheit mangelt. Wer nun als Kind in der Hinbewegung unterbrochen wurde und sich später wieder auf den Weg macht zu einem neuen Versuch, seine Liebe zu geben, der wird plötzlich innehalten und eine Kreisbewegung vollziehen oder auf der Stelle treten. Das ist seine Neurose: Er geht immer wieder los und kommt niemals an. Also muß man den Betreffenden in die Vergangenheit begleiten, bis zu dem Punkt, wo seine Hinbewegung erstmals unterbrochen wurde, ihn dort abholen und ans Ziel geleiten. Ist er einmal angekommen, so ist die Lösung gefunden und der Bann gebrochen.

Diese Dynamik veranschaulicht eine weitere Geschichte, die ich zum Abschluß dieses Abschnitts erzählen will.

Im Lande Arkadien lebte einst eine wunderschöne Prinzessin namens Adelaide. Im zarten Alter von fünf Jahren hatte sie ihre Mutter verloren, und ihr Vater, der König, war meist mit Kriegen beschäftigt. Oft wartete sie Tage und Wochen auf ihn. Kam er endlich, so lief sie mit ausgebreiteten Armen auf ihn zu. Aber bevor sie bei ihm war, wandte er sich ab. «Ach, Kind, ich bin ja so müde!» hörte sie ihn manchmal murmeln, ehe er in seine Schlafkammer ging.

Eines Tages kehrte er vom Schlachtfeld nicht mehr zurück. Nun war Adelaide ganz allein. Mit den Jahren war sie zu einer blühenden Jungfrau herangewachsen. Die Prinzen und Adligen der umliegenden Schlösser kamen, um sie zu freien. Aber die Prinzessin sprach:

«Nein, nicht so! Den nehme ich zum Gemahl, der im Galopp auf der Burgmauer einmal im Kreise reitet.»

Doch die schmale Burgmauer war von einem tiefen Abgrund umgeben. Da sank vielen der Mut, und sie zogen wieder ab. Einige wagten den tollkühnen Ritt und stürzten in den Tod.

Eines Tages kam ein Prinz, bereit, die Probe zu bestehen, der war so schön, daß Adelaide ausrief: «Du brauchst nicht zu reiten, dich nehme ich so!»

«Nein, ich reite wie die anderen», entgegnete der Prinz. In gestrecktem Galopp ritt er auf der Burgmauer, sie zitterte um ihn – und er gewann.

Mit ausgebreiteten Armen lief die Prinzessin auf ihn zu und jubelte: «Ja, dich nehme ich zum Gemahl, sei mir willkommen!» Sie wollte ihn umarmen, doch der Prinz wehrte sie ab und sprach:

«Halt, holde Adelaide! Ich muß dir etwas gestehen. Zum einen bin ich glücklich verheiratet, zum anderen bin ich nur geritten, um meinen Brüdern, die von deiner Mauer in den Tod gestürzt sind, ihre Würde zurückzugeben.» Sprach's, verbeugte sich und ritt davon.

Wie mag diese Geschichte enden? Haßte Adelaide fortan alle Männer, fristete ein einsames, trauriges Dasein und starb als alte, verbitterte Jungfer?

Nein, ich glaube, die Geschichte ging so aus:

Eines Nachts stieg die Prinzessin hinab in den Keller des Schlosses und ließ die Leichname ihrer Mutter und ihres Vaters ausgraben. Tags darauf wurden beide feierlich auf dem Schloßfriedhof beigesetzt.

Nicht lange danach kam ein junger Mann aufs Schloß, der verdingte sich als Gärtnerbursche. Von ihrem Fenster aus sah Adelaide ihn oft und verliebte sich in ihn. Sie nahm ihn zum Gemahl und machte ihn zum König. Die Zeit, die nun begann (so wird erzählt), war die glücklichste für das Königspaar und seine Untertanen draußen im Land.

An welche Lieblingsgeschichte aus Ihrer Kindheit erinnern Sie sich noch? Diese Geschichte, ob Märchen oder frei erfunden, kann Ihnen Hinweise auf Ihre damalige häusliche Atmosphäre liefern: auf Einsamkeit und Not, Verwirrung und Verlust, Lebensangst oder Opferhaltung.

Oft erhellt schon der Anfang einer Geschichte die Kindheitssituation: «Es war einmal ein Müller, der hatte eine Tochter ...» Was besagt dieser erste Satz aus dem Märchen *Rumpelstilzchen*? – Die Mutter fehlt ...

Das Kind sucht sich unbewußt jene Lieblingsgeschichte aus, in der es seine eigene Situation am besten gespiegelt sieht.

Angstgefühle, nicht mehr dazuzugehören, vereiteln die Lösung eines traumatisch oder systemisch verursachten Problems. Umgekehrt kann die Lösung ihrerseits Gefühle von Schuld und Verrat heraufbeschwören. Nur das Ungelöste beläßt uns in Unschuld: Man hat ein gutes Gefühl, aber man ist ohne Kraft.

Nicht immer ist das, was wir uns wünschen, hilfreich für uns. Wo wir aber das uns Gemäße tun, da sammelt sich Kraft: An der guten Wirkung erkennen wir, daß ein Schritt richtig war.

Übung: Selbstporträts in Sieben-Jahres-Schritten

Malen Sie in Sieben-Jahres-Schritten Selbstporträts von sich: wie Sie bei Ihrer Geburt, mit 7, 14, 21, 28 Jahren usw. aussahen. In diesen Bildern können sich Brüche und Krisen spiegeln. Zeigen Sie diese Bilder einem guten Freund oder einer guten Freundin, und sprechen Sie darüber.

Wichtig ist hierbei nicht, daß die Bilder kunstvoll gemalt sind: Auf den Ausdruck kommt es an. Vielleicht ist Ihnen in der Schule das Malen und Zeichnen vergällt worden. Die Erfahrung lehrt aber, daß jeder auf seine Weise zeichnen kann, und wenn es nur Strichmännchen sind. Lassen Sie also Ihre Hand malen, die weiß es besser. Das Malen kommt aus der Gefühlsebene, deshalb ist es ein so wichtiges therapeutisches Medium: Beim Malen kann man nicht lügen.

Wenn Sie mit Ihrem guten Freund über die Bilder sprechen, beachten Sie folgendes: Sie erzählen, was während des Malens in Ihnen vorging. Der Freund oder die Freundin betrachtet die Bilder wohlwollend und hilft Ihnen, Ihre Deutung zu vertiefen, indem er etwa sagt: «Dieses Bild bewirkt in mir ...»

Zu diesem sogenannten «katalytischen Betrachten» eines Bildes ist jeder imstande: Man berichtet lediglich, was das Bild in einem auslöst, und derjenige, der das Bild gemalt hat, nimmt das, was in ihm etwas trifft, als Geschenk und Bereicherung.

2

Krise und Entwicklung

Schwere Krisen im Leben eines Menschen verlaufen im wesentlichen nach dem Muster seines Geburtsprozesses. Dieser läßt sich seinerseits mit den vier wichtigsten Stationen des Mythos vom auferstandenen Christus vergleichen.

Eine Krise ist also stets beides: Zerstörung und Entwicklung, Ende und Neubeginn.

Die Stationen der Krise

1. Die *Ölberg-Station*: Abschied des Kindes vom Mutterbauch. Wir ahnen oder wissen, daß ein schmerzlicher Abschied ansteht. Wir beten, daß der Leidenskelch an uns vorübergehen möge.
2. Die *Karfreitags-Station*: Geburtskanal; Enge und Verlassenheit; Leid, Krieg und Tod. Kein Ausweg, weder in der Zeit noch im Raum. Drohung ewiger Verdammnis; Untergang in Sünden; Verschlungenwerden durch Saurier oder Krokodile. Die Wahnbilder der Apokalypse treiben uns in fürchterliche Schrecknisse.
3. Die *Karsamstags-Station*: Der Muttermund öffnet sich. Aus hoffnungslosem Dunkel taucht in der Ferne ein Licht auf.

Rettung naht, der Kampf scheint nicht mehr aussichtslos. Wir ergreifen die Chance; das Dunkle, die Hölle, verliert an Macht über uns.

4. Die *Ostersonntags-Station*: Der Morgen dämmert, das Licht erstrahlt, die Sonne geht auf. Was immer vorher war, zählt nun nicht mehr: Das Kind ist geboren, der Heiland auferstanden. Wir sind hindurchgegangen.

Eine junge Klientin hat diese dramatischen Stationen, die auch sie in einer Sitzung durchlebte, mit den folgenden Zeilen zusammengefaßt:

Bin ich wirklich so kurz davor?
Eigentlich will ich nicht durch.
Ich bin in Embryohaltung.
Ich spüre mein Geschlecht am deutlichsten.
Ich schwebe im Mutterleib.
Ich habe Angst! Nein!
Ich gehe da nicht raus!
Es ist viel zu eng!

Ich schreite Schritt für Schritt voran.
Ich spüre einen ganz, ganz engen Gang.
Ich muß da durch.
Doch es ist so wahnsinnig eng.
Es zieht sich mein Gesicht zusammen.
Ich werde geschoben, gedrückt, gepreßt.
Es ist alles so ungeheuer schwierig.
Dann, plötzlich: plopp …
Ich bin draußen.
Das schwerste Stück Arbeit ist getan.

… und ich werde wieder wach!
Was für ein wahnsinnsschöner Morgen!!

Die Stufen des Bewußtseins

In seiner Evolutionstheorie unterscheidet Jean Gebser[20] vier Stufen. Sie existieren in jedem Menschen und tauchen als Bilderwelten in Tag- und nächtlichen Träumen auf; ebenso beim «geführten Träumen» (Visualisierung und Imagination), bei der Initiatischen Atmung oder bei Rückführungen; bei Leib- und Chakrenarbeit; zuweilen auch in Meditationen:

1. *das archaische Bewußtsein*
2. *das magische Bewußtsein*
3. *das mythische Bewußtsein*
4. *das rational-mentale Bewußtsein*

Das *archaische Bewußtsein*, das sind die Urbilder: Wir sind Geworfene. Männlich und weiblich sind noch ungeschieden. Die Naturereignisse werden in Gottesbildern personalisiert.

Das *magische Bewußtsein*: Mit Hilfe von Natur- und Geisterkraft üben die Menschen Macht aus – schwarzmagisch zu eigener Bereicherung und Machtsteigerung oder weißmagisch, um anderen zu helfen.

Das *mythische Bewußtsein*: Im Mythos wird die paradigmatische Aktion für den Heldenweg geschildert, der zu Erfolg oder Untergang führt. Der Mythos stellt die Entwicklung in archetypischen Situationen und hierarchischen Abstufungen als authentisches Geschehen dar: Auf welcher Stufe unserer Entwicklung wir auch stehen, hier müssen wir uns selbst zeigen, indem wir uns Tiefenschichten unserer Persönlichkeit bewußtmachen.

Das *rational-geistige Bewußtsein*: Auf dieser Stufe befinden wir uns derzeit. Wir versuchen die Welt rational zu ergründen und werden scheitern, wenn nicht auch das *integrale oder transzendente Bewußtsein* als fünfte Stufe mit angesprochen wird.

Da die gesamte menschliche Entwicklungsgeschichte in jeder unserer Zellen gespeichert ist, haben wir kraft der älteren Bewußtseinsstufen auch an mittelalterlichem oder selbst an urgeschichtlichem Geschehen teil: Bei Intensivatmungen können wir unversehens Hexenverbrennungen, aztekische Rituale oder Voodoo-Zauber erleben. Aus dem Unterbewußtsein schickt uns die Seele Bilder vor unser inneres Auge, um uns gefühlsmäßig in Bewegung zu setzen und etwas in uns zu verwandeln.

Wenn jemand beispielsweise unter Klaustrophobie – also Platzangst – leidet, kann es geschehen, daß er sich bei der therapeutischen Arbeit in engen Aufzügen und U-Bahnen erlebt, plötzlich im einschnürenden Geburtskanal, dann in einem bedrängenden mittelalterlichen Gefängnis und so weiter.

Heißt das nun, daß er wirklich einst in diesem Karzer saß? Die Frage kommt mir müßig vor. Deshalb sei an dieser Stelle vor allzu häufiger Rückschau in Reinkarnationstherapien gewarnt: Hier und jetzt findet das Dasein statt, und was zu bearbeiten ist, das haben wir alles in dieses Leben mitgebracht. (Einmal kam einer in eine Reinkarnationssitzung, um zu erfahren, ob er einst General unter Julius Cäsar war. Dummheit hat auch ein Element von Seligkeit …)

Evolution ist Entfaltung, und der schöpferische Prozeß dauert immer noch an. Wir nutzen lediglich 15 Prozent unserer Gehirnkapazität: Welche Steigerungen – Quantensprünge! – könnten da noch möglich sein!? Und einem jedem von uns ist es aufgegeben, auch in und mit seinem eigenen Leben die Schöpfung einen Schritt voranzutreiben.

In der Kindheit lebt jeder von uns unbewußt wie der frühgeschichtliche Mensch: Er erprobt sich und die Umwelt, verbrennt sich am Feuer und schlägt sich und anderen auf den Kopf. Er muß den Schmerz erleiden und die Freude erfahren: So bildet sich sein Ich und entwickelt sich das Welt-Ich-Bewußtsein, das auf die eigene Kraft vertraut. Wer aber in diesem Welt-Ich hängenbleibt, unterwirft sich weiterhin der Außenwelt, wie wir oben erfuhren. Erst wenn wir die dritte Dimension verlassen, wird das Welt-Ich durch das wesenhafte Ich ergänzt: Immanenz und Transzendenz umschließen die integrale Persönlichkeit.

Diesen Evolutionskreis des Menschen kennt auch das Tarot mit seinen zwanzig Entfaltungsstufen der Großen Arkana. Die Karte Null – der Narr – steht am Beginn und am Ende wieder da: Aus dem unbewußten Kind wird der weise Narr, der *wie* ein Kind handelt. Ein Wandlungskreis, den dieser Zen-Spruch wiedergibt:

Die Wiese ist grün,
die Wiese ist nicht grün,
die Wiese ist wieder grün.

Auch in den Prozessen, die viele Menschen während der Therapie durchlaufen, zeigt sich immer wieder aufs neue: Zwischen der dritten und der vierten Dimension ist die Wiese nicht grün – Verzweiflung droht, Leid, Schmerzen, selbst der Tod. Aber in der höchsten Not wächst das Rettende auch, und vor allem dann geht uns das Wesen auf, wenn wir unsere Ansprüche und Bedingungen, Sicherheit, Sinn und Geborgenheit preisgeben. Dann entsteht Kraft inmitten von Schwäche, Klarheit inmitten von Dunkelheit und Geborgenheit inmitten von Lieblosigkeit. Dann ist der Mensch verantwortlich geworden und steht in seiner unbedingten und bewußten Mitte.

Wir leben am Morgen eines der wichtigsten und spannendsten, aber auch eines der am meisten gefährdeten Zeitalter. Langsam beginnen wir zu erahnen, was diese Wörter meinen: Bewußtsein, Universum, Kosmos, Transzendenz ... Aus esoterischem, nur wenigen Eingeweihten zugänglichem Geheimwissen ist exoterisches Wissen geworden, das jeder sich aneignen kann, ob es sich um Magie oder Kabbala handelt, um Alchimie, Astrologie oder Tarot.

In den zurückliegenden Jahrzehnten haben wir nahezu Schübe der Evolution erlebt. In den sechziger Jahren brach die damals junge Generation in immer neuen Wellen mit dem Althergebrachten: Beatles, Flower Power, Hippies, die Drogenszene. Die Beatles sangen das Lied, das lange vor ihnen schon die Heiligen predigten: «*All you need is love*». Sie alle folgten dem Gesetz Kains, wonach jede Erneuerung einen Bruch mit dem Althergebrachten und notfalls auch den Sturz der alten Götter erfordert. Aber weiterhin sind wir uns immer wieder selbst im Weg mit unserer Angst, die Nabelschnur der Vergangenheit loszulassen, mit unserer Furcht vor dem vermeintlichen Verrat und Stigma Kains.

Damit wir die falschen von den wahren Propheten unterscheiden können, braucht unsere Zeit dringend geistige Strukturen. Denn Krisen bergen zwar die Chance der Evolution in sich, doch ebenso die Gefahr der Verwirrung. Daher bedarf es kundiger Wegbereiter, Wegführer und -begleiter, damit jede Krise und Katastrophe – durch Verwandlung – zu einer schöpferischen Erfahrung wird.

Übung: Vergegenwärtigtes Leid

Erinnern Sie sich an eine krisenhafte, schmerzliche Situation in Ihrem Leben. Malen Sie diese heraus. Dann versetzen Sie sich in die Haltung, in der Sie sich damals in Ihrem Schmerz befanden. Verstärken Sie diese Haltung: Wenn Sie damals die Fäuste ballten, ballen Sie sie nun fester; wenn Sie haltungsmäßig verdreht waren, verdrehen Sie sich noch mehr; wenn Sie in die Knie gegangen waren, sinken Sie noch tiefer nieder – bis zu einem Schmerzpunkt.

In dieser Haltung verharren Sie nun eine bis drei Minuten. Gut ist es, wenn ein Zittern Sie erfaßt, denn das heißt, daß blockierte Körperteile in Bewegung kommen.

Als nächstes sagen Sie aus dieser Haltung heraus einen Satz. Jede Haltung hat ihren Satz: Sprechen Sie ihn mehrmals laut aus. Lassen Sie diesen Satz in sich wirken.

Gibt es vielleicht noch einen zweiten Satz auf einer tieferen Ebene, auf der Herzensebene, wo Ihr inneres Kind nach Liebe ruft? Wenn Sie diesen Satz gefunden haben, so sprechen Sie auch ihn mehrfach aus.

Verspüren Sie nun das Bedürfnis, sich freizuatmen, so tun Sie das. Entspannen Sie sich langsam, richten Sie sich auf bis zu einem offenen Stehen. Nehmen Sie sich selbst in den Arm, oder stellen Sie sich vor, ein Ihnen lieber Mensch halte Sie sanft und doch kraftvoll im Arm. Noch besser: Gehen Sie zu Ihrem Partner oder Ihrer Partnerin, und bitten Sie diese(n), Sie in den Arm zu nehmen und kraft- und liebevoll zu halten.

Bei der Umarmung mit dem Partner erinnern Sie sich bitte:

- Lassen Sie die Füße auf dem Boden, und stehen Sie selbständig.
- Selbständig stehen heißt: nicht umzufallen, wenn der andere geht.
- Benutzen Sie also den anderen nicht als «Kleiderständer», indem Sie sich auf ihn hängen.
- Etwas so Nahrhaftes wie eine Umarmung kann auch zum quälenden Gefängnis werden, wenn sie zu lange dauert.

3

Urerlebnisse und Urmuster

Um mir von neuen Klienten ein Bild zu machen, befrage ich sie in der ersten Sitzung zu ihrem Herkunfts- und ihrem Gegenwartssystem, also der Familie, der sie entstammen und der von ihnen selbst gegründeten Familie. Hierauf folgen Fragen nach dem Verlauf ihrer Schwangerschaft, nach ihrer Geburt, nach besonderen Ereignissen in den ersten sieben Lebensjahren und nach ihren Lieblingsmärchen. Anschließend versuche ich abzuklopfen, inwieweit er oder sie bereit ist, sich auf das Abenteuer der Selbstentdeckung einzulassen.

Dieser erste Eindruck wird durch eine selbstreflektierende Biographie, die der Klient als Aufgabe schreibt, und das Porträtmalen in Sieben-Jahres-Schritten ergänzt: Jeder neue Klient malt sich selbst bei seiner Geburt und im Alter von 7, 14, 21, 28, 35 …

- Die Geburt: Das Bild zeigt, wie Mutter und Leben genommen werden;
- sieben Jahre: Das Porträt veranschaulicht das Angekommensein in der Welt;
- 14 Jahre: Das Bild stellt den Prozeß der geschlechtlichen Reifung dar;
- 21 Jahre: Das Porträt zeigt, wie die Betreffenden Frau bzw. Mann geworden sind, und ihre Vorbereitung auf die Welt;

- 28 Jahre: Beziehung und Heirat;
- 35 Jahre: Bewährung in der Welt.

Zu den Anfängen ihres Lebens – Schwangerschaft und Geburt – wissen die meisten recht wenig zu sagen. Danach gefragt, berichten manche von Erinnerungen der Mutter oder anderer Verwandter, die meist unschwer als Bruchstücke schuldzuweisender Familienmythen zu erkennen sind: «Deinetwegen wäre deine Mutter um ein Haar verblutet.»

Tatsächlich denkt jede Mutter bei einer schweren Geburt im Unbewußten: «Mein Kind will mich umbringen!» Und das Kind seinerseits denkt ebenso im Unbewußten: «Die Mutter will mich umbringen!» Auf diese Weise kann das Urvertrauen des Kindes zur Mutter von Anfang an gestört sein. Ohnehin wirkt sich schon während der Schwangerschaft jede Störung auf den Embryo aus.

Zudem müssen wir bedenken, daß Mutter und Kind die Geburt sehr unterschiedlich erleben können. So kann es durchaus sein, daß die Geburt für das Kind sehr schwer war, während die Mutter sie als «normal» empfand.

Den Speicher der Erinnerung öffnen

Wie gelangen wir überhaupt zu Informationen über Ereignisse vor und während der Geburt? Da das gesamte Material unserer Erlebnisse in uns gespeichert ist, bedarf es nur der richtigen Technik, um diese verborgenen Speicher zu öffnen. Hierfür setzen wir die Methoden der Initiatischen Atmung und der gezielten Rückführung in den Mutterbauch, zu Zeugung und Empfängnis, Schwangerschaftsverlauf und Geburt ein.[21]

Bei der Rückführung werden die Klienten mit Hilfe von Anweisungen, verbunden mit ruhiger Musik, in einen tieferen Bewußtseinszustand hineingeführt, in dem sich die Türen zu tiefer liegenden Erinnerungen öffnen. Die meisten Menschen erinnern sich in diesem Zustand an die ersten Kinderjahre, an Säuglingszeit, Geburt und die Zeit im Mutterleib.

Schwierigkeiten haben hierbei lediglich «verkopfte» Menschen, die der Rückführung Widerstände entgegensetzen, da sie auf ihren Intellekt fixiert sind wie Schiffbrüchige auf einen Leuchtturm am Horizont. «Um keinen Preis den Überblick verlieren!» lautet ihre Devise, hinter der sich die Angst verbirgt, genauer hinzuschauen und Gefühle zuzulassen. Damit auch solche Menschen in den für Rückführungen erforderlichen Bewußtseinszustand gleiten können, muß zuerst an ihren Widerständen gearbeitet werden.

Ist die Rückführung gelungen, so sagen die Klienten in aller Regel sehr klar: «Ich bin allein» im Mutterleib, oder eben: «Da ist noch jemand.» Manche erkennen dies erst nach wiederholtem Hineinführen in den Mutterleib, doch auch bei ihnen schält sich aus anfänglichem Nebel das klare Bild heraus.

Für den erfahrenen Therapeuten ist es kein Problem, zu erkennen, ob da jemand lediglich «phantasiert» oder tatsächlich sieht und erlebt. Zum einen müssen die Abläufe physiologisch nachvollziehbar sein: Das individuelle Erlebnis gestaltet sich für jeden einzigartig; die biologischen Grenzen und Gesetze aber sind in allen Fällen die gleichen. Phantasten verraten sich an ihren unlogischen Sprüngen. Zum anderen: Wer sich einer Therapie unterzieht, ist meist in Not und braucht Heilung. Er gibt sein Erspartes aus, damit ihm geholfen wird und um sich selbst aus dem Konflikt zu befreien. Wer mit diesem ernsthaften Anliegen antritt, wird aus eigenem Interesse weder dem Therapeuten noch – vor allem – sich selbst etwas vorzuspielen versuchen. Gegen den Verdacht von Falschspiel oder bloßer Projektion sprechen überdies

- Anamnese und Wahrnehmung des Klienten durch den Therapeuten,
- die Aussage zum Erlebten,
- die Bilder, die der Klient zu den Erlebnissen im Mutterleib malt,
- die Aussprache zwischen Klient und Therapeut über diese Erlebnisse,
- das sich anschließende Ritual,
- die verändernde Wirkung auf sein Leben.

Nicht zuletzt legen die tiefe Bewegtheit und Erschütterung, die der Mensch nach einer Rückführung in den Mutterleib empfindet, und die Befreiung und Befriedung nach vollzogenem Abschied beredtes Zeugnis für die Echtheit des Geschehenen ab.

Wofür aber, wird sich mancher fragen, muß man in der Therapie überhaupt so weit zurückschauen? Die Antwort habe ich weiter oben in anderem Zusammenhang schon gegeben: Wo die Ursachen für Ungemach und Unglück, Leid und Krankheit liegen, dort müssen sie auch behoben werden. Der Blick in die Vergangenheit erspart uns, sie zu wiederholen.

Verantwortung übernehmen

Auf keinen Fall lassen sich Störungen im Mutter-Kind-Verhältnis auflösen, indem das Kind fasziniert auf die böse Mutter schaut und sich beispielsweise immer wieder sagt: «Meine Mutter wollte mich abtreiben!» Vielmehr gelingt die Auflösung dann, wenn das Kind statt dessen auf die gute Mutter sieht und sagt: «Letztendlich hat sich meine Mutter doch für mich entschieden.»

Ebenso falsch wäre es, wenn jemand behaupten würde: «Ich bin der geworden, den die Welt aus mir gemacht hat.» Eine solche Entschuldigung, mit der man eigene Verantwortung verweigert, verurteilt zur Handlungsunfähigkeit. Wenn wir dagegen sagen: «Ich bin so geworden, wie ich auf meine Umwelt reagiert habe», dann übernehmen wir Verantwortung für uns selbst und können sofort mit der Veränderung beginnen: Wir brauchen bloß loszulassen, was uns bis dahin behindert hat. Wenn das nur so leicht wäre!

Urmuster und Kernmuster

Es gibt mitgebrachte und erworbene Reaktionsmuster. Nach meiner Erfahrung kann folgende Einteilung hilfreich sein:

- *Urmuster* nenne ich die Reaktionsweisen des Kindes von der Konzeptionsphase bis zum Ende der Geburtsphase.
- Als *Kernmuster I* (da den Kern des Selbst formend) bezeichne ich die erste Wiederholung und Differenzierung der Urmuster in den ersten sieben Lebensjahren. In dieser Zeit werden folgende evolutionäre Schritte durchlaufen:[22]
  - Erstes Lebensjahr: Die Existenz beginnt mit dem Satz «Ich bin da». Stellen sich Hindernis oder Behinderung ein, so lautet der Schlüsselsatz statt dessen: «Ich brauche nichts», oder: «Mich gibt es gar nicht.»
  - Zweites Lebensjahr: Die Liebe wird entwickelt mit dem Satz «Ich brauche». Bei Behinderung dieses Bedürfnisses lautet der Satz dagegen: «Ich laß' nicht los.»
  - Drittes Lebensjahr: Hier herrscht das Bedürfnis, Selbstän-

digkeit zu entwickeln mit dem Satz «Ich will selbst». Wird diese Entwicklung gehemmt, lautet der Satz statt dessen: «Ich schaff' es allein.»

- Viertes Lebensjahr: Das Kind will nun die Intimität der Nähe und die Distanz der Freiheit entwickeln. Als positiver Ausdruck: «Ich will zu dir.» Bei Einengung aber gerinnt dies Bedürfnis zu dem Satz: «Ich halte durch und trotze.»
- Fünftes Lebensjahr: Nun dominiert der Ausdruckswille mit dem Satz «Ich zeige mich». Und die gehemmte Form wäre: «Ich habe versagt.»
- Sechstes Lebensjahr: Jetzt will das Kind lernen, mit Erotik und Sexualität umzugehen. Der Satz heißt jetzt «Ich bin ein Mann» bzw. «Ich bin eine Frau». Wird diese Entwicklung behindert, so lautet der Satz statt dessen: «Ich habe Angst vor Sexualität.»
- Siebtes Lebensjahr: Hier entwickelt sich die Hingabe an Liebe, Leben und Werk. Der positive Satz: «Ich nehme dich, ich gebe mich in Liebe.» Dagegen der Satz, der dies verhindert: «Ich halte mich zurück.»

- *Kernmuster II*, das zweite Durchleben der Reaktionsweisen: Nach der sogenannten Latenzphase (8. bis 12. Lebensjahr) werden die Kernmuster etwa vom 12. bis zum 19. Lebensjahr nochmals durchlebt, ausgereift und weiter differenziert.

Trauma und Reaktionsmuster

Alle weiteren Reaktionsweisen auf die Welt, die nach der zweiten Phase (*Kernmuster II*) gelebt werden, sind Wiederholungen der vorher ausgebildeten Ur- bzw. Kernmuster, die uns behindern und krank machen können.

Viele dieser Muster haben wir ursprünglich zum eigenen Schutz ausgebildet. Bei einem jähzornigen Vater etwa zieht sich das Kind ganz eng zusammen und verhindert dadurch die Gefühle von Angst und Panik. Später, wenn dieses Muster nicht mehr dem Schutz dient, sondern nur noch beengend und behindernd wirkt, sollen wir uns trotzdem daran erinnern, daß es uns einst geschützt hat. Denn die Lösung solcher Muster gelingt – wie erwähnt – leichter, wenn ich sage: «Liebes Muster, danke für deinen Schutz. Ich entlasse dich heute, denn ich bin nicht mehr ohnmächtig ausgeliefert: Ich bin nun erwachsen.» Wenn ich dagegen sage: «Ich will dich nicht, Muster, verschwinde endlich!», so bleibt es weiter an mir kleben. Denn der Zorn auf das Muster fixiert uns auf die Kindheitssituation, etwa auf den jähzornigen, schlagenden Vater, dem der Zorn ja eigentlich gilt.

Bei einem schweren traumatischen Vorfall bleibt ein Teil der Seele wie schockiert in der Zeit hängen. Deshalb zieht es uns später immer wieder wie an einem Gummiband in gleiche oder ähnliche Situationen, bis wir die Botschaft endlich gehört, das behindernde Muster angeschaut und losgelassen haben. Hierzu ein Beispiel:

Ein Kind erlebt bei der Geburt am Ende der Austreibungsphase, wenn der Kopf herausfällt und nicht richtig abgefangen wird, ein Schleudertrauma: Das ist das *Urmuster.*

Ende des dritten Lebensjahres fällt das Kind schwer, wieder mit einem Schleudertrauma: Das ist das *Kernmuster I.*

Mit 15 Jahren erleidet der oder die Jugendliche eine Sportverletzung, abermals mit Schleudertrauma: Das ist das *Kernmuster II.*

Mit etwa 24 Jahren hat dieselbe Person schließlich einen

Autounfall, wiederum mit Schleudertrauma: Das ist die Wiederholung der Kernmuster bzw. des Urmusters.

Fazit: Ein Teil der Lebensenergie des Kindes – und noch der erwachsenen Person – bleibt im Urmuster fixiert.

Um solche Muster aufzulösen, gehen wir in die Ursituation zurück, in der das Ereignis und die Reaktion darauf zum erstenmal auftraten. Der häufigste Verlauf ist dabei dieser: Zunächst wird das behindernde Muster in seinen Wiederholungen wahrgenommen und erkannt. Als Kernmuster II erleben wir einen traumatischen Vorfall in der Jugendzeit; als Kernmuster I entdecken wir das schmerzliche Erlebnis in der Kindheit; schließlich decken wir das verletzende Urmuster bei der Geburt oder im Mutterleib auf.[23]

Übung: «Armes Kind»

Machen Sie sich bewußt, wie Sie auf Liebesentzug reagieren. Setzen Sie sich vor einen Spiegel, und sagen Sie als armes, verlassenes Kind zu sich selbst:

«Niemand liebt mich. Mutter war nicht da, als ich sie brauchte. Du [der Partner] gibst mir zuwenig. Die ganze Welt ist gegen mich ...» und so weiter. Lassen Sie das «arme Kind» sich gehörig und voller Selbstmitleid ausjammern.

Dann setzen Sie sich aufrecht hin, atmen tief durch, und Sie werden merken, daß Ihr Bewußtsein klar wird. Nun sprechen Sie aus dieser Haltung heraus nochmals mit sich. Einiges wird anders sein als vorher – lassen Sie sich überraschen!

4

Die drei Schritte der Verwandlung

Man wird zu dem, was man bekämpft. Wer also sagt: «So wie du, Mutter (oder Vater), will ich niemals werden», der ist es schon geworden. Solange man in negativer Abhängigkeit an die Eltern gebunden ist, kann keine Auflösung gelingen – und dieses nicht Aufgelöste bekommen stets die Partner ab.

Die therapeutische Arbeit beginnt folglich damit, daß wir die Biographie des Klienten, das bisher gelebte Leben, anschauen. Das erste Problem, auf das wir hierbei stoßen, ist meist der längst überfällige Abschied von den Eltern: Da müssen unsichtbare Nabelschnüre durchgetrennt, geschluckte Gefühle aus ohnmächtiger Kindheit erforscht und noch einmal durcherlebt werden. Und dann gilt es auch die Geburt selbst anzuschauen, die in den meisten Fällen traumatisch besetzt ist.

Angst vor Liebesentzug

«Nicht weil es schwer ist», sagt Seneca, «wagen wir es nicht, sondern weil wir es nicht wagen, ist es schwer.» Hierzu ein Beispiel aus meiner Praxis:

Eine 45jährige Frau wollte an ihrer Kindheit arbeiten. Damals galt die ganze mütterliche Aufmerksamkeit dem zwei Jahre älteren Bruder, der an Kinderlähmung erkrankt war.

Nachdem wir das Problem schon eine ganze Weile bearbeitet hatten, forderte ich die Klientin auf, wegen der mangelnden Liebe es ihrer Mutter heimzuzahlen. Doch sie lehnte jedesmal entschieden ab: Sie war nicht bereit, ihre unterdrückte Wut, Haß und Groll zu entlassen, und weigerte sich, auf das Kissen zu schlagen, das als Ersatz für die Mutter diente. Auf meine nochmalige Aufforderung hin sagte sie: «Ich such' mir einen anderen Therapeuten» – und ging davon.

Was war geschehen? Ihr inneres Kind hatte sie angstvoll gewarnt: «Wenn du jetzt auf deine Mutter einschlägst, bekommst du nicht einmal mehr das bißchen Liebe, sondern gar nichts mehr! Die Mutter wendet sich gänzlich ab von dir, und dann mußt du sterben.»

Solche Angst vor Liebesentzug ist existentiell. Körperliche Zuwendung ist das tägliche Brot für die Seele des Kindes. Zuwenig oder gar keine körperliche Zuwendung während der ersten drei Lebensmonate führen – so eine Untersuchung – zu schwerwiegenden Schäden an Leib und Seele.

Wie aber schon das oben angeführte Beispiel zeigte, ist es oftmals nicht böser Wille, nicht einmal Gleichgültigkeit der Eltern, die solchen Mangel verursacht. Noch drastischer zeigt uns der folgende Fall, daß äußere Notwendigkeit, von den Eltern weder gewollt noch zu beeinflussen, schwerste Traumata bewirken kann:

Vor einiger Zeit suchte mich ein junger Mann von 27 Jahren

auf. Während mehrerer Rückführungen in die frühe Kindheit verfiel er jedesmal in spastische Stellungen und Verkrampfungen von schmerzhafter Intensität. Ich fragte ihn, ob im ersten Lebensjahr ein traumatisches Ereignis stattgefunden habe, und erfuhr folgendes:

In seinem ersten Lebensjahr hatte er Typhus und mußte viele Wochen allein, in der Pflege von Krankenschwestern, im Krankenhaus zubringen. Um Ansteckung zu vermeiden, konnte er in dieser Zeit Mutter, Vater und andere Besucher nur durch eine Glasscheibe sehen. Jeder wird sich vorstellen können, wieviel Leid und Verzweiflung dies für das Kind und seine Eltern bedeutete.

Mit 27 Jahren litt dieser Mann nun an sämtlichen Schäden, die an der Wirbelsäule überhaupt auftreten können: Skoliose (Verkrümmung), Kyphose (Buckel), Scheuermann-Syndrom (Bandscheibenschäden). Die Hauptursache dieser Symptome war die Isolierung des Kindes im Krankenhaus, der völlige Mangel an liebevoller körperlicher Zuwendung während seines ersten Lebensjahres.

Übrigens: Die Klientin aus meinem ersten Beispiel kam drei Monate, nachdem sie sich geweigert hatte, auf ihre Mutter einzuschlagen, zu mir zurück und sagte: «Ich glaube, ich muß da durch!» Sprach's und schlug auf ihre Mutter ein – wenn auch anfangs nur, weil der Therapeut es so haben wollte. Nicht lange darauf, mit einer Gruppe in zehntägigem Ferienseminar, geriet die Frau dann endlich an ihre Einsamkeit als Kind. Vier Tage lang weinte sie – dann war sie hindurchgegangen und befreit.

«Was soll ich da schreien und schlagen», wenden viele immer wieder ein, «ich spüre doch gar keine Wut!» Da ich aber vom

Theater komme und Schauspielschüler unterrichtet habe, weiß ich, daß Gefühle – nach den Gedanken – dem zweitschnellsten Wandel unterliegen: Wenn einer erst mal 20 Schläge getan hat, gerät er in Wut, ob er es will oder nicht.

Wieder andere rauchen, trinken oder essen ihre Gefühle weg. Oder sie lachen ihr Leid fort, versuchen durch Ironie, Sarkasmus und Zynismus ihre Gefühle zu verrationalisieren, um sie nicht ernst nehmen zu müssen. Aber wer die Schmerzen wieder und wieder betäubt, wird trotzdem krank und immer kränker. Nur merkt er's nicht mehr – oder erst wieder, wenn es vielleicht schon zu spät ist.

Der erste Schritt der Verwandlung: die Negativphase

In dieser ersten Phase werden alle Konflikte zwischen Kind und Eltern auf den Tisch gelegt: Hindernisse, Verletzungen, Mißbrauch, Schwierigkeiten, Mißverständnisse werden eines nach dem andern angeschaut.

Da steigen alte, verkrustete Gefühle auf und wollen sich entladen: Wut, gefolgt von Haß und Rachedurst und tiefem Groll, die sich lauthals Luft verschaffen. So wird man selbst gesund und die Lebensenergie, die man Jahre und Jahrzehnte unterm Deckel hielt, verwandelt und verfügbar für ein freieres, weniger bescheidenes Leben. Läßt man dagegen Haß und Groll nicht los, dann wird man krank an Leib und Seele.

In der Kindheit blieb die Liebe vieler unerwidert – das macht den Schmerz aus, gefolgt von Schuldgefühl, wie wir oben schon erfuhren: «Was hab' ich nur angestellt, daß die Mutter so böse zu mir ist?» Dann kam die Angst, die schmerzliche Erfahrung könnte sich wiederholen, und hierauf die Wut, daß es überhaupt geschah. Zuletzt legt sich über solche Gefühlsketten noch eine zähe Schicht aus Trauer. Da weint manch einer tagelang und weiß gar nicht, was mit ihm geschieht: daß Liebe und Zorn einander blockieren, womöglich seit Jahrzehnten schon.

Um diese Blockade aufzulösen, muß man rückwärts gehend die Gefühlskette nochmals – bis hin zum tiefen Schmerz – durchleben. Dahinter aber findet man die verschüttete Mutterliebe wieder, kann sich so von der Vergangenheit, in der man so lange hängenblieb, endlich lösen und wächst in seine Gegenwart hinein: Wer hinter Haß und Groll die gute Mutter wiederfindet, dessen inneres Kind wird heil.

Der zweite Schritt der Verwandlung: die Verständigungsphase

Die zweite Phase dient der Verständigung mit und dem Verstehen von Mutter und Vater, manchmal auch von Geschwistern: Man lernt zu erkennen, daß auch die eigenen Eltern einst Kinder waren, geprägt von ungelösten Konflikten mit Vater oder Mutter. Und man erkennt, daß man unter den ungelösten Konflikten mit den Eltern auch den eigenen Lebenspartner hat leiden lassen.

Der dritte Schritt der Verwandlung: die Befriedungsphase

In dieser dritten Phase kann die Befriedung zwischen Kind und Eltern beginnen. *Befriedung* bedeutet: Ich kann es jetzt so lassen, wie es ist. Oder auch: Gras über eine Sache wachsen lassen, also die Wunde nicht zwanghaft immer wieder aufreißen müssen.

Aber Befriedung ist nicht dasselbe wie Versöhnung. Wenn jemand eine schwere Kindheit erlebt hat, wenn ein Kind vom Vater mißbraucht wurde, dann kann der Therapeut von diesem Klienten nicht Versöhnung fordern. Das Kind aber kann seinen Frieden machen mit dem Vater, indem es sagt: «Vater, das hat sehr weh getan an meinem Körper und in meiner Seele. Das kann ich nicht vergessen. Aber ich verneige mich vor dir als meinem Vater, der mir das Leben geschenkt hat.» Und vielleicht kann es später sagen: «Ich liebe dich von Herzen.»

Nach dieser Befriedung stellen sich der gute Vater und die gute Mutter hinter uns und schützen uns auf unserem weiteren Lebensweg. Wir finden unseren Platz im Kreis der Familie und nehmen uns an als die, die wir selbst sind. Denn die Eltern sind das Bindeglied zu unseren Ahnen, nur durch sie haben wir teil an der Ahnenkraft, die uns hilft, unser Lebenswerk zu vollbringen.

Wer sich dagegen dem Frieden mit den Eltern verweigert, dem fehlt es an Kraft, und er fällt zuletzt ins Loch der Midlifecrisis. Wie ich oben schon sagte: Wer das letzte Aufbäumen seiner Seele – zwischen dem 40. und dem 50. Lebensjahr – mißachtet, dem bleibt nur noch die Krankheit als letzte Zuflucht, in die er sich verkriechen kann.

Beschließen wir diesen Abschnitt mit einem positiven Beispiel:

> Da kam eines Tages ein junger Musiker zu mir. Er war voller Zorn, seine Haltung signalisierte die Vollbremsung, die für den Trotz charakteristisch ist: starrer langer Hals, fester Rükken, verspanntes Becken, durchgedrückte Knie. Doch aus Angst, die Menschen, die er liebte, zu verlieren, hielt er seinen Zorn und Trotz versteckt.

Die Therapie ging zügig voran, da er das Problem nicht länger aushielt und energisch an der Lösung arbeitete. «Ich will nicht!» und «Nein!» rief er immer wieder und schlug so angestrengt um sich, daß ich ihn fragte, ob er schon einmal Leistenbrüche gehabt habe, da er so leistungsorientiert zu Werke gehe. «Schon zweimal», sagte er darauf, «das erste Mal zwischen eineinhalb und zwei Jahren.»

So fanden sich bei ihm zwei Traumagründe: Vom Vater erhielt er nur dann Zuwendung, wenn er sich durch Leistungen auszeichnete, wodurch er sich überfordert, entmündigt und ohnmächtig fühlte. Diese Ohnmachtsangst wurde noch verstärkt durch die Operation des Leistenbruchs in frühester Kindheit. Hauptsächlich aus diesen beiden Quellen nährte sich seither sein Trotz und Zorn gegenüber Vorgesetzten aller Art – ob Vater oder Arzt, Partner, Lehrer oder Therapeut.

Die entscheidende Verwandlung gelang bei ihm durch eine Rückführung zu all den Ohnmachtssituationen seiner Kindheit, bei der wir die dort gebundenen Gefühle auflösten. Der junge Musiker brachte zwei tiefe Erfahrungen mit zurück. Die eine: «Es sind nicht mehr die *anderen*, wie Vater, Arzt oder Partner, die mich bedrängen: *Ich selbst* tue das!»

Das zweite war ein wunderbares Erlebnis von Ordnung und Fülle. Am Ende der Rückführung sah er ein Kästchen, das einen Kristall enthielt, der tausendfache, sich immer wieder aufs neue verwandelnde Spiegelungen erzeugte. «Ich darf sie nicht festhalten», sagte er, zufriedene Ruhe ausstrahlend: Sein Zornpaket war aufgelöst, die Vollbremsung gelockert.

Fazit:

Im Grunde geht es bei der ganzen therapeutischen Prozeßarbeit der Elternablösung nur darum, daß einer den Mut hat, sein Herz zu öffnen, und einer da ist, der seine Liebe nimmt.

Übung: Liebevolle Selbsterforschung

Diese Übung dient dem Verständnis Ihrer selbst. Stellen Sie sich gut auf den Boden, legen Sie Ihre Hände sanft auf Ihren Scheitel und beginnen Sie, Ihre Haut – Ihre Grenze, das größte Organ – Zentimeter um Zentimeter mit den Händen zu erforschen. Vielleicht ist es das erste Mal in Ihrem Leben, daß sie sich so liebevoll berühren: Erfassen und erfahren Sie alle Teile Ihres Leibes, die sie mit den Händen erreichen können. Mindestens zehn Minuten sollte diese Übung dauern.

5

Verlust und Wiederherstellung der Ordnung

Wenn wir im traumatischen wie im systemischen Bereich die rechte Ordnung wiederherstellen, so erobern wir auch transzendente Ordnungsqualitäten zurück: Ahnenverehrung und Ritual, Exerzitien zur Stärkung des positiven Kerns, Mythos und Alchimie, Meditation und Kontemplation …

Die Ordnung wiederzuherstellen, heißt stets auch, unser Inneres zu befrieden. Indem wir zurechtrücken, was in unserer Ursprungsfamilie durcheinandergeraten war, schaffen wir Ordnung auch in unserer Beziehung und (heutigen oder künftigen) Gegenwartsfamilie. Diese Ordnung ist nicht willkürlich, sondern Abbild der Gesetze, die im Kleinen wie im Großen wirken: in uns selbst und in der Familie, im Beruf und – wenn einer ganz tief das kollektive Unbewußte berührt – sogar in einem Stamm oder Volk. Hiervon handelt auch die folgende Geschichte:

Der Regenmacher

Seit Monaten herrschte die große Dürre. Die Sonnenstrahlen trockneten den Boden so erbarmungslos aus, daß Vieh und Menschen dem Verschmachten nahe waren. Wie in einem glühenden Backofen schmorte das Land, und allem, was lebte, drohte große Not.

Da ließen die Ältesten des Klans nach dem Regenmacher schicken, damit er das Land, Pflanzen, Tiere und das Volk vor dem Verdursten bewahre. Als er endlich gefunden worden war, gab man ihm eine Hütte mitten im Dorf. Dort saß er eine ganze lange Woche, ohne auch nur einen Finger zu rühren: Er schaute einfach dem Leben und Treiben der Leute ringsum und auf dem Dorfplatz zu.

Nach Ablauf der Woche lud er eine um die andere Familie zu sich ein, befragte sie und schaffte Ordnung in Familien und Sippen, dann im ganzen Dorf und zuletzt im Land, welches das Dorf umgab. Und da gab es viel zu schlichten und entwirren, zu ordnen und befrieden.

Als endlich der Friede in den Familien, im Dorf, im Land und in einem jeden selbst wiederhergestellt war und jeder in der Gemeinschaft den ihm gemäßen Platz gefunden hatte, da kam der große Regen übers Land, benetzte Gräser, Büsche, Bäume und füllte Brunnen und Bäche, Flüsse und Seen. Den großen Durst der Menschen, Tiere und Pflanzen stillte der Regen wie eine gute Mutter, die den Zorn über die Verfehlungen ihrer Kinder längst vergessen hat. Und zum Zeichen dieses neuen Friedens zwischen Erde und Himmel wölbte sich ein bunter Regenbogen über Dorf und Land.

Ordnung schaffen im traumatischen Bereich

Im traumatischen Bereich Ordnung zu schaffen heißt, *die Selbstliebe wiederzuentdecken.* Wer seine Eltern früh verlor oder mit wenig Zuwendung und Liebe aufwuchs, oft als Versager beschimpft und wegen zu geringer Leistung mit Spott und Verachtung bedacht wurde, der achtet sich selbst gering: Sein Selbstbewußtsein ist geschwächt. In der Folge prägen sich Selbstverachtung, ja Selbsthaß aus, die Selbstverstümmelung in Form von Krankheit oder Unfall nach sich ziehen.

«Weil meine Liebe nicht genommen und nicht erwidert wurde», denken solche Menschen im Unbewußten, «bin ich nichts wert, und meine Würde ist gering.» In diesem leidvollen Zustand der Selbstentwertung hoffen viele immer noch auf die mütterliche Liebe oder die Anerkennung des Vaters. Wie magisch besetzt warten sie, nicht selten bis zum Tod, obwohl der Vater längst gestorben, die Mutter alt und mit sich selbst beschäftigt ist.

Von wem aber können sie die Liebe bekommen, auf die ihr inneres Kind so sehnsüchtig hofft? Manchmal springt der Lebenspartner als Vater- oder Muttterersatz ein. Meist aber halten solche Beziehungen nicht lange: Der Partner geht, und dem Verlassenen bleibt keine andere Wahl mehr, als die ungelöste Vergangenheit aufzuarbeiten und sich zu nehmen, wie er nun einmal ist. Hierdurch wächst der Respekt vor uns selbst, auf dem die Selbstachtung aufbauen kann, und damit wachsen Selbstwert und Eigenwürde. Und was darauf folgt, ist – anfangs schüchterne – Liebe zu uns selbst.

Erst wenn der traumatische Bereich der persönlichen Verletzungen angeschaut, gelöst und befriedet ist, kann sich die Selbstliebe manifestieren. Mit Egoismus hat das nichts zu tun, denn nur wer sich selbst schätzt, kann auch andere schätzen, lieben und halten. Ihre höchste Form erreicht die Selbstliebe daher zusammen mit jenem Mitgefühl, das allen Menschen gilt: der Nächstenliebe.

Die rechte Ordnung sieht so aus: Die Paarbeziehung der Eltern hat Vorrang vor der Elternschaft; denn nur aus einer guten Paarbeziehung kann eine gute Elternschaft erwachsen: Zunächst sind die Eltern ein Paar und dann erst Vater und Mutter. Beides zu vermengen oder umzukehren ist von Übel für die Kinder, die dann in einer falschen Ordnung aufwachsen.

Für die Kinder beginnt die Liebe in der Beziehung zu den Eltern: Die Kinder nehmen, die Eltern geben. Wenn aber Eltern nehmen wollen und Kinder geben sollen, dann wird etwas Grundlegendes verfälscht. Diese systemische Verkehrung nennen wir *Parentifizierung*: Eltern machen die Kinder zu Vertrauten – etwa, wenn die Mutter den Sohn oder die Tochter ins Vertrauen zieht und erzählt, wie brutal oder wie schlappschwänzig der Vater sei oder daß er zu anderen Frauen gehe. Ebenso verkehrt ein Vater die Ordnung, wenn er nach ehelichem Streit die Tochter bittet, die Mutter aus dem Badezimmer herauszuholen, wo diese sich eingeschlossen hat.

Eltern sollen ihren Streit untereinander austragen oder die eigenen Eltern einschalten, aber nicht die Kinder zu Komplizen oder Verbündeten machen. Für solche falsche Ordnung müssen die Kinder büßen – oft ein Leben lang. So wird die Tochter, die von der Mutter als Verbündete gegen den Vater ins Vertrauen gezogen wird, entweder keinen Partner finden bzw. an sich heranlassen oder in ihren eigenen Partnerbeziehungen starke Konflikte erleben: Ihr Bild vom anderen Geschlecht ist durch Furcht oder Verachtung geprägt. Umgekehrt wird der Sohn, den die Mutter in ihrem Konflikt mit dem Vater ins Vertrauen zieht, sein eigenes Geschlecht als minderwertig erachten – mit der Folge von Selbstmißachtung und Selbstverachtung.

Wenn die Ordnung in der Familie durch die schlechte Paarbeziehung der Eltern gestört ist, versuchen die Kinder oftmals alles, um Vater und Mutter zusammenzuhalten. So fragte die Therapeutin in einem Heim für gestörte, schwererziehbare Kinder einen Neunjährigen ärgerlich: «Was würde eigentlich passieren, wenn du dich einmal anständig benehmen würdest?» Darauf der Junge: «Dann würden sich meine Eltern scheiden lassen.»

Von Muttermännern und Vaterfrauen

Der Verlust der Ordnung in den Familien manifestiert sich besonders unheilvoll in den unerlösten Beziehungen zwischen Mutter und Sohn bzw. Vater und Tochter. Die Muster solcher Abhängigkeiten sind zahllos, und jedes weist seine eigene Dynamik auf.

Zwischen dem vierten und dem sechsten Lebensjahr setzt ein Entwicklungsschritt ein, mit dem Jungen wie Mädchen Vater und Mutter als geschlechtlich unterschiedliche Wesen erkennen. Der Junge sieht die Mutter als weibliches Wesen, und in ihm steigen erotisch-sexuelle Wünsche auf; das Mädchen sieht den Vater als männliches Wesen und projiziert ebenso seine erotischen und sexuellen Wünsche auf ihn.

Ob die spätere Ablösung von Sohn oder Tochter unproblematisch gelingt oder mit Konflikten belastet ist, hängt davon ab, wie die Eltern mit dieser Entwicklungsstufe des Kindes umgehen. Bei schwieriger Ablösung zwischen Sohn und Mutter sprechen wir seit Sigmund Freud vom Ödipuskomplex; bei problematischer Ablösung zwischen Tochter und Vater vom Elektrakomplex.[24]

Zu diesem Problemkreis gehören wiederum auch die – in anderem Zusammenhang schon angesprochenen – starken Bindungen, die als Reaktion auf die gestörte Hinbewegung entstehen: Das Mädchen will dem Vater bzw. der Junge der Mutter seine Liebe bringen. Doch diese Bewegung wird angehalten, und die kindlichen Gefühle wandeln sich in Ablehnung und Verachtung, Wut und Abscheu. Durch diese negative Abhängigkeit wird die Identifizierung verstärkt, so daß die Betreffenden später – als Jugendliche und Erwachsene – tausendmal am Tag denken: «Ich will nicht so werden wie Mutter oder Vater!» Denn wie gesagt: Man wird zu dem, was man bekämpft.

So ist der «Muttermann» vor allem durch seine Ablehnung der strafenden und schuldzuweisenden, besitzergreifenden und depressiven Mutter gebunden. Bleibt er im Zauberkreis der Mutter – in ihrem Milieu und Lebensraum – verfangen, so kann er kein Mitgefühl für Frauen entwickeln. Denn Mitgefühl, ohne die später keine Beziehung glückt, muß der Sohn vom Vater und die Tochter von der Mutter erlernen: Partnerbeziehungen gelingen dann, wenn er Vaters Sohn und sie Mutters Tochter war.

Umgekehrt – denken Sie an die Geschichte von Prinzessin Adelaide – fehlt es der «Vaterfrau», die im Zauberkreis des Vaters verfangen bleibt, an Mitgefühl für den Mann. Die gestörte Hinbewegung spielt gerade in den Verstrickungen zwischen Vater und Tochter eine entscheidende Rolle. Väter können meist weit weniger Gefühle zeigen als Mütter, daher beklagen Töchter immer wieder, daß sie vom Vater übersehen und nicht beachtet wurden. Oft muß seine Liebe durch Leistung erkauft werden: Solche Töchter ergreifen nicht selten den Beruf des Vaters, um ihre Liebe und Loyalität zu beweisen, und erhalten dennoch weder die erhoffte Liebe noch Anerkennung.

Der zweifache Bruch zwischen Vater und Tochter

Wenn die Ehe der Eltern zerrüttet ist und der Vater die Tochter als Ersatz für die Ehefrau genommen hat, heißt es oft, daß Vater und Tochter «ein Herz und eine Seele» seien: Der Vater nimmt das Mädchen in die Kneipe und auf Spaziergänge mit und erklärt ihr die Welt.

Mit etwa fünf Jahren entdecken die Kinder aber, wie gesagt, daß die Eltern unterschiedlichen Geschlechts sind. In diesem Alter erleben viele Töchter den ersten Bruch in der Beziehung mit dem Vater. Bis dahin, so berichten Klientinnen immer wieder, war das Verhältnis sehr gut. Doch daß ihnen die Tochter nun in erotischem Bezug begegnet, jagt vielen Vätern Angst ein. Wenn auch die Frau noch mit bösen Blicken oder Worten dagegen einschreitet, weist der Vater die Tochter zurück, und es entsteht eine unterdrückte, inzestuöse Atmosphäre. Oder der Vater nutzt die Situation aus und begeht Mißbrauch.

Zum zweiten Bruch zwischen Vater und Tochter kommt es in der Pubertät. Das Mädchen wächst zur Frau heran und pocht nun auf die früheren – angedeuteten oder ausgesprochenen – Versprechungen des Vaters: «Du bist mir die Liebste und Schönste, meine Prinzessin, mein Schatz ...»

Manchem Vater wird es nun heiß. Voller Schuldgefühle, kuschend unter den bösen Blicken seiner Frau, tastet er die aufblühende Tochter mit verstohlenen Blicken ab. So etwas endet in der Scheidung, ob sie vollzogen wird oder nicht: Die Tochter verachtet diesen Vater, und die Mutter sucht sich einen anderen Mann. In solchen Situationen, beherrscht von Angst, Zerrissenheit und dem Inzesttabu, entsteht Haß: Der Vater spricht nur noch indirekt mit seiner Tochter; gleichzeitig paßt er auf wie ein Wachhund, daß sie nicht zu spät nach Hause kommt, möglichst selten Freunde trifft oder keine zu offene Kleidung trägt. Unaufhörlich kreisen seine Gedanken um das erotisch-sexuelle Leben der Tochter.

Mißbrauch

Wenn die Tochter in Kindheit oder Jugend vom Vater mißbraucht worden ist, so führt es zu keiner Lösung, wenn sie zeitlebens auf ihren Vater einschlägt, ihn verflucht und alle Schuld für mißglückte Partnerbeziehungen bei ihm sucht. Wenn man auf dem Problem immer wieder herumreitet, wird es nur verfestigt, und man verliert die mögliche Lösung aus den Augen. Statt unaufhörlich die alten Vorwürfe zu wiederholen, neue hinzuzufügen und mit jeder Wiederholung das Unglück nur noch tiefer in die Seele zu bohren, sollte die Tochter lieber dasjenige suchen und ergreifen, das eine Befreiung vom Vater fördert. Ein solcher zur Lösung hilfreicher Schritt könnte aus folgenden Sätzen bestehen, die Liebe und Haß voneinander trennen:

«Du hast mir das Leben geschenkt, Vater, das größte Geschenk, das ein Mensch geben kann, mehr, als ich an dir je gutzumachen vermag. Das andere aber, was du mir angetan hast, kann ich nicht vergessen. Es hat mich zutiefst verletzt!»

Versöhnung, wie gesagt, kann kein Therapeut fordern; und erst recht kann er von der mißbrauchten Tochter keine Verzeihung für den Vater einklagen. Der erste Satz der Tochter – «Du hast mir das Leben geschenkt ...» – bahnt den Weg für ein gutes Ende. Aber bis dieses Ziel erreicht ist, bis das Kind mit seinen Eltern wirklich Frieden schließen kann, muß es noch eine gute Strecke bewältigen. Denn die eigentliche Lösung wird erst möglich, indem die Tochter sich der schweigenden Dritten zuwendet und sagt: «Für dich, Mutter, habe ich es getan.»

Dieser Satz mag manchen meiner Leser empörend oder widersinnig erscheinen, und doch enthält er die Lösung, wie die Praxis immer wieder zeigt. Denn schließlich: Wo war die Mutter, als der Mißbrauch passierte? Warum hat sie ihre Tochter nicht geschützt? Oft verschließen Mütter die Augen, um vor dem Mann ihre sexuelle Ruhe zu haben. In jedem Fall bereitet die schlechte Partnerbeziehung der Eltern den Boden für einen Inzest vor – ob dieser ausgeführt wird oder nicht.

Warum kann die Verneigung vor den Eltern zur Heilung führen? Das Geschenk des Lebens, das wir von Vater und Mutter erhalten haben, ist so viel wertvoller als jedes andere Gut, daß alles, was danach an Schlimmem geschehen ist, zweitrangig bleibt. Wie umgekehrt alles, was wir außerdem an Gutem von den Eltern bekommen haben, eine Zugabe zum kostbarsten Geschenk des Lebens ist.

Wenn also der Satz: «Eltern, ich will nicht werden wie ihr», keine Befriedung verspricht, wie lautet dann der Satz, der die Lösung bringt? Nachdem das Kind den Eltern Dank gesagt hat, stellt es sich neben die Mutter, dann neben den Vater und sagt jeweils: «Ich erlaube mir, so zu werden wie du, liebe Mutter, und wie du, lieber Vater!» Anschließend tritt es wieder vor die Eltern und fügt hinzu: «Im Andenken an euch führe ich nun ein zufriedenes und manchmal auch glückliches Leben. Segnet mich!»

Zum Abschluß dieses Kapitels möchte ich von einem Fall berichten, der mich tief bewegt hat:

Ein Mann kommt gebrochen aus dem Krieg. Seine Frau will sexuell nichts mehr mit ihm zu tun haben, da wendet er sich an die achtjährige Tochter: *Deine Mutter liebt mich nicht mehr; ich bräuchte eine andere Frau. Aber wir leben im Dorf, ich möchte keinen Skandal: Hilf mir!*

Das Mädchen «hilft» vom achten bis zu ihrem 18. Lebensjahr. Auf meine Frage, warum sie sich als Jugendliche nicht gewehrt habe, antwortet sie: «Vater war der einzige, der mich liebte.»

Als sie zwanzig ist, nimmt ihr der Vater das Versprechen ab, den Mißbrauch so lange zu verschweigen, bis er verjährt ist.

Dieses Versprechen hat sie gehalten.

Fazit:

Häufiger, als manche denken, ist bei Mißbrauch Liebe mit im Spiel. Wenn man diese wichtige Tatsache berücksichtigt, kann in vielen Fällen die Lösung leichter eingeleitet werden.

Übung: Niederwerfung

Die Niederwerfung vollziehen wir ausschließlich vor den Eltern, denn allein durch sie ist das Leben zu uns gekommen.

Gehen Sie auf die Knie, setzen Sie sich auf die Fersen und beugen sich nach vorn, so daß die Stirn auf dem Boden ruht. Die Arme sind vorgestreckt, die Hände nach oben geöffnet.

Auch wenn Sie mit Ihren Eltern nicht im reinen sind, können Sie ihnen mit dieser Übung zumindest für das Geschenk Ihres Lebens danken. Erst wenn Sie Frieden mit ihnen geschlossen haben, können Sie außerdem zu den

Eltern sagen: «Ich mag dich, Vater», oder: «Ich hab' dich lieb, Mutter», oder am besten: «Ich liebe euch von ganzem Herzen!»

Wie immer Sie zu Ihren Eltern stehen (vor allem im Hinblick auf die Zeit von Ihrer Geburt bis zum zehnten Lebensjahr), sprechen Sie während der Niederwerfung mit ihnen. Vermeiden Sie dabei Vorwürfe und Anschuldigungen. Wenn Sie nur Ihren Dank aussprechen, reicht das aus.

(Vorwürfe, Anschuldigungen und Verletzungen, die in Ihnen rumoren, sollten Sie mit der oben beschriebenen Übung durch Herausmalen bearbeiten. Auch einen Vorwurfs- und Anklagebrief von zehn bis zwanzig Seiten an Mutter und Vater zu schreiben, kann förderlich sein. Lesen Sie diesen Brief einem guten Freund oder einer guten Freundin vor, dann verbrennen Sie ihn mit einem kleinen Ritual.)

6

Methoden der Lösung

In der ersten Beratungsstunde versuche ich zusammen mit dem neuen Klienten dessen Anliegen und Auftrag möglichst klar zu umreißen. Aus dieser Beschreibung – die, wenn sie gut ist, oftmals schon den Lösungsansatz enthält – ergeben sich der Aufgabenbereich sowie Umfang und Dauer der Therapie.

In der Einzelarbeit werden die subtilen und differenzierten Verknüpfungen auf eine Lösung hingeführt. Jedoch soll sie nach Möglichkeit durch Gruppenseminare ergänzt werden. Bei der Einzelarbeit geschieht es immer wieder, daß ein Klient unentschlossen, mutlos oder selbstquälerisch vor der Schwelle auf und ab geht, die er nun überschreiten müßte. Durch die Energie der Gruppe aber gewinnt selbst der Zauderer die Kraft, den Schritt über die Schwelle zu wagen. Und ist er erst einmal auf der anderen Seite, so gewöhnt er sich schnell an sein neues Zuhause und die größere Freiheit.

Die Methoden der Lösung umfassen:

1. *Körperführung:* Stärkung des positiven Kerns
- Einkehr in Meditation
- Kampfkünste: Ai-Ki-Do und I-Ai-Do
- T'ai Chi Ch'uan

2. *«Theaterapie»/Ritualtherapie:* bewußte und schöpferische Lebensgestaltung
- Spiel, Übung und Ritual zur Erweckung der kreativen Kräfte im Menschen
- Spiel, Übung und Ritual für authentischen Ausdruck von Emotion, Mitgefühl, Lebensfreude und Selbstgestaltung des Alltags
- Einbeziehung der Spiele, Übungen und Rituale in eine intensive Körpertherapie

3. *Urschmerz-Therapie:* Rückführungen/Zeitreisen
- zu embryonaler Regression: Erfassen des Urschmerzes im Mutterleib für den traumatischen und den systemischen Bereich (Geschwister im Mutterleib) mit ritueller Auflösung
- in tiefe Leidsituationen und Reaktionsmuster der Säuglingszeit, Kindheit und Jugendzeit
- zu aktuellen Reproduktionen hinderlicher Muster im Erwachsenenalter und in der Gegenwart mit Lösungsmöglichkeiten

4. *Integrale Körper-Leibtherapie:* ganzheitliches Wachsen zum Wesensinbild
- Eindruck – Ausdruck / personale Bioenergetik
- Initiatisches Atmen / Transformation
- Mandala-Malen / Mandala-Katalyse

5. *Integrale Leibarbeit und schamanische Körpermassage:* Entspannungs- und Heilungswege
- Leibes- und Chakrenaufbau des feinstofflichen Körpers
- schamanische Methoden der Schattenarbeit
- Heilungs- und Frequenzarbeit, spezifische Krankheitsbilder und veränderte Bewußtseinszustände

6. Systemische Rituale
- Ursprung und Gegenwart
- Partnerbindung
- Entscheidungsfindung

Rückführung

Sie findet in Einzelsitzungen statt: Der Klient oder die Klientin wird in Jugendzeit und Kindheit zurückgeführt, zur Geburt und in den Mutterleib bis zur Konzeption und der Zeitspanne davor.

Auf die Rückführung in den Mutterleib komme ich im III. Teil dieses Buches ausführlicher zu sprechen. Daher an dieser Stelle nur soviel: Hierbei soll sich der Klient mit einer vergangenen Situation nicht *identifizieren*, sonst fiele er ja in das Chaos der alten Gefühle zurück. Statt dessen wird *dissoziiert*, auseinandergenommen also: Der Klient schaut auf den Schmerz, den er als Kind empfand, läßt sich bewegen und bleibt doch bei sich und in seinem Zeit-Raum. So kann er die im vergangenen Schmerz festgehaltenen Seelenanteile reintegrieren – und ist von der zwanghaften Anbindung befreit.

Die Provokation

Das Initiatische Ritual *Provokation*, eine aus vielen Übungen verdichtete Methode, ist ein Vorgang im Sinne des Zen oder Tao: Streng nach vorgeschriebenen Regeln werden die Teilnehmer «von ihrem Wesen ergriffen». Das Ritual enthält verschiedene Pforten des Durchgangs, ähnlich Geburtskanälen, und jeder vollzogene Durchgang bietet die Chance einer Initiation, also Gelegenheit und Aufforderung, sich «wahrhaftig zu stellen», was den Wandlungsprozeß einleitet.

Durch ein strenges Exerzitium wird der Teilnehmer in Streß versetzt, wie man das in früherer Zeit in Klöstern und anderen Gemeinschaften kannte, deren Ziel innere Erweckung und Fortschreiten waren. Als Mittel hierzu dienen: wenig Schlaf, Fasten, Schweigen und viel Arbeitsexerzitien. Die Folge: Schon nach kurzer Zeit fallen Schutzhaltungen und gesellschaftliche Konventionen von den Teilnehmern ab.

Mit dem Ritual *Provokation* steuert man die Krise an, in der Wende und Wandel möglich werden. Der Streß soll uns in die Krise, diese zur Entscheidung zwischen Altgewohntem und dem überfälligen Neuen führen. Wichtig ist, daß der Mensch durch die Krise bewußt hindurchgeht und so die Möglichkeit nutzt, seinem Selbst die abgespaltene Lebensenergie wieder zuzuführen. Das englische *remember* heißt «erinnern», zunächst und wörtlich aber: «wieder Mitglied werden». Diese Aufgabe weist über das Ritual hinaus: Das neue Handeln, das man im Schutz der Gruppe erlernt hat, muß nachher in den Alltag übertragen werden.

Blockaden auflösen

Beim Ritual *Provokation* dienen alle vorangegangenen Übungen der Vorbereitung auf das Initiatische Atmen, eine der effektivsten Methoden, um Blockaden aufzulösen. So wenig Einigkeit sonst zwischen den verschiedenen psychologischen Richtungen besteht, in einem Punkt stimmen alle Schulen überein: Eine Blockade läßt sich nur dann auflösen, wenn der Schmerz, der sie verursacht hat, noch einmal angeschaut wird. Entsprechend soll der Klient auch hier durch den Schmerz hindurch- und neugeboren aus diesem Erlebnis hervorgehen – begleitet vom Therapeuten, der als eine Art Hebamme wirkt.

Abhängig vom persönlichen Entwicklungsstand des Klienten, sind bei der Auflösung von Blockaden folgende Erlebnisse zu erwarten:

- *körperenergetisch:* Der Klient spürt die Blockaden und die sie auflösenden Energien;
- *biographisch:* Die Konflikte aus seinem Leben tauchen auf, um durchlebt und gelöst zu werden;
- *perinatal:* Auftreten können Traumata, die mit Mutterleib und Geburt zu tun haben;
- *präkonzeptionell:* Auch kosmische, kollektive oder Reinkarnationssituationen können erlebt werden.

Im Anschluß an das Initiatische Atmen wird das dort Erlebte als Mandala gemalt und besprochen (vgl. Abbildung 1). Dieses Kreisbild ist die Momentaufnahme des Selbst, und der erfahrene Therapeut kann aus ihm das Erreichte und die notwendigen nächsten Entwicklungs- und Lösungsschritte lesen.

Der Kampf mit dem Drachen

Den Mythos vom Helden und vom Drachen verstehe ich als Gleichnis vom guten Menschen und seinem Schatten, der ungeliebten, daher scheinbar bedrohlichen Seite seines Selbst. Das rituelle Spiel *Drachenkampf* ermöglicht uns, zunächst den geliebten Teil unseres Selbst vollkommen zu erkennen. Wenn wir unsere Gaben und Begabungen erkannt und angenommen haben, besitzen wir auch genug Kraft, um die dunkle, verdrängte Seite wahrzunehmen und uns mit ihr auseinanderzusetzen.

Wie gesagt: Die Kraft zum Handeln kommt stets von der Drachenseite unseres Selbst. Auch die kostbaren Schätze, von denen die Mythen seit altersher künden, sind im Drachenland verborgen: Mut und Stärke, Liebe und Zärtlichkeit, Treue und Freundschaft, Demut, Sanftheit und Weisheit sowie das klare Wissen.

Im rituellen Drachenkampf erwarten uns fünf Begegnungen mit unserem Drachen, welche die Beziehung zu unserer Schattenseite tiefgreifend verwandeln. Die Hauptmethode bei diesem Ritual ist die Imagination oder das geführte Träumen.

Geführtes Träumen

Imagination ist mehr als Phantasieren: Gemeint sind Tagträume, die von unserem bewußten Willen unabhängig sind; Bilder, die aus dem Unbewußten zu uns aufsteigen. Sowohl Hanscarl Leuner[25] aus der Schule Freuds als auch C. G. Jung, der in diesem Zusammenhang von «aktiver Imagination»[26] sprach, gebrauchten das Tagträumen als therapeutische Methode. Gegenüber dem Schlaftraum hat die Imagination den Vorteil, daß das Ich bewußt handelnd eingreifen kann.

Im Ritual wartet auf den Teilnehmer die verblüffende Erfahrung, daß das in seiner Imagination auftauchende Bild des Bösen – ob Drache, Teufel oder Mörder – «mit der Regelmäßigkeit eines Naturgesetzes ungefährlich wird, sobald man ihm standhält, ja sich zum Guten wendet, wenn man es akzeptiert».[27] Dagegen bleibt der Drache so bedrohlich, wie er vorher schien, oder wird sogar noch größer und dunkler, wenn man vor ihm zu fliehen versucht. Und versucht man ihn zu töten, so stirbt er nicht, ja er verdoppelt sich.

In den christlichen Legenden von den Drachenbezwingern St. Michael und St. Georg sind die Drachenmythen vielfach verfälscht worden: Der wahre Held tötet den Drachen nicht, sondern richtet seine Speerspitze auf die Stirn des Ungeheuers. So wird die Kraft des Drachen verwandelt und dieser selbst zum Beschützer transformiert. Dagegen tauchen Drachen, die wir im Traum töten, nur in tiefere Seelenschichten, von wo sie jederzeit wieder aufsteigen können, um uns noch intensiver zu stören. Als «böse» erscheinen sie nur, solange wir sie ablehnen und fürchten.

Die Verwandlung

Wenn wir von einer «Therapie der Verwandlung» sprechen, so ist damit nicht gemeint, daß der Klient fortan ein heiligmäßiges Leben führen müßte. Vielmehr beruht die Verwandlung auf Ergänzung: Die nicht bewußten Teile in uns sollen bewußt gemacht und uns anverwandelt werden. Statt uns mit einer Hütte am Rande zu begnügen, sollen wir Herr werden in unserem Schloß. Doch die meisten sitzen am Einlaßhäuschen und fragen nur immer wieder: «Wann kommt denn nun der Herr?» Manchmal, wenn einer Glück hat (oder wir dem Glück therapeutisch ein wenig nachhelfen), träumt er, daß er selbst der Herr des Schlosses ist, hineingeht und sich auf den Thron setzt.

Hier nun ein Beispiel für heilsame Abenteuer im Drachenland und gelungene Verwandlung:

Paul ist 40 Jahre alt und arbeitet in einem pädagogischen Beruf. Ein dichter Vollbart verdeckt sein Gesicht; er wirkt verklemmt und dünnhäutig. Ein fester Brustpanzer beengt ihn, und seine Haltung verrät große Last auf den Schultern. Überdies hat er eine Rückgratverkrümmung und einen Buckel.

Vorfälle im *traumatischen Bereich*: Als Baby von sechs Wochen litt er an einem Magenpförtnerkrampf, da ihn die Mutter plötzlich nicht mehr stillte. Später war er wegen Magersucht und Rachitis neun Monate im Krankenhaus.

Und im *systemischen Bereich*: Der Vater fiel im Krieg, und so schlief der Sohn bis zum 16. Lebensjahr mit der Mutter in einem Bett, bis 20 im selben Schlafzimmer; bis 30 fuhren sie zusammen in Urlaub und nächtigten gemeinsam im Doppelzimmer.

Seit Paul eine Freundin hat, leidet er unter starken Schuldgefühlen: Die Mutter ist sehr unglücklich über seine Beziehung; ihr zuliebe hat er die Heirat anfangs aufgeschoben. Offenbar liegt hier ein unbewußtes Gelöbnis vor, etwa im fünften Lebensjahr gegeben: «Ich will meiner Mama ein guter Gatte werden, da sie Papa verloren hat.»

Frauen liefert er sich aus, indem er auf sie zugeht wie ein Sohn auf die Mutter. Auch seine Partnerin, die er gegen den Willen der Mutter endlich heiratet, ist eine mütterliche Frau. Bei ihrer Hochzeitsreise auf einer Mittelmeerinsel kommt es zu einem bemerkenswerten Zwischenfall:

Abends an der Hotelbar flirtet seine Frau mit Männern, was Paul bis aufs Blut reizt. Beim morgendlichen Spaziergang fällt er in eine fünf Meter tiefe Zisterne. Als seine Frau in Panik um Hilfe ruft, denkt er, unten im nassen Brunnen hockend: «Das geschieht dir recht, daß du jetzt um mein

Leben fürchtest.» Er selbst aber sitzt wieder im Mutterbauch – tief in der Erde.

Paul und seine Frau pflegen wie kleine Kinder miteinander zu sprechen: «Kathrinchen, schnurrli-schnurrli ...» Und darauf sie: «Ja, Kathrinchen macht jetzt Schmusi-Schmusi mit Mäuschen ...» Und noch als er zu mir in die Therapie kommt, hat ihn seine Mutter fest an der Nabelschnur: durch monatliche Geldzuweisungen.

Dieser Paul also begibt sich jetzt in den Kampf mit dem Drachen. Zu Beginn des Seminars, als er sich vorstellt, antwortet er auf die Frage, warum er gekommen sei: «Unter einem Drachen stelle ich mir einen Hausdrachen vor. Ich denke sofort an meine Frau.»

Später werden die Gruppenmitglieder ausgeschickt, um einen Kraftgegenstand zu finden: Paul findet eine Schraube mit Mutter, und er ist völlig fasziniert von seinem Fund. Seine Interpretation: Die Mutter schraubt mich fest. Ohne Schraube aber ist sie wirkungslos.

Beim anschließenden Drachenkampf und Drachentanz lebt Paul zum ersten Mal seine mörderische Schattenseite aus. Der gestaute Haß, Rache und Groll auf die Frauen, die ihn unterdrücken und nicht ernst nehmen, brechen vulkanartig aus ihm heraus.

Hier nun Pauls Erlebnisse beim Eintritt ins Drachenland:

Sein Drache erwartet ihn am Tor und führt ihn hinein. Paul ist sehr vorsichtig und läßt den Drachen vorausgehen. Er begegnet weiteren Drachen, die alle um ihn herumschleichen und ihn belauern, um ihn zu packen. Aber Paul merkt: Wenn er den Drachen in die Augen sieht, hat er Macht über sie. In dem Moment jedoch, da er unbewußt wird, fallen ihm die Drachen in den Rücken.

Auf seinem weiteren Weg durchs Drachenland kommt Paul an einer dunklen Höhle vorbei, die ihn magisch anzieht. Anfangs zögert er, dort hineinzugehen, denn er weiß, daß ihn in dieser Höhle sein Hauptdrache erwartet. Dann gibt er sich einen Ruck und geht doch los.

Er gelangt in einen dunklen Gang; in einer Nische erwartet ihn der eigentliche Feind: ein fledermausähnlicher Vampirdrache – seine Mutter. Natürlich nimmt sie ihn nicht ernst, sondern lacht ihn aus. Aber Paul fühlt sich stark und läßt sich nicht beeindrucken. Daraufhin versucht sie ihm auf die sanfte Tour Schuldgefühle einzuflößen. Doch Paul sieht sie an, und da werden ihm ihre Ohnmacht und seine Macht bewußt.

«Das ist mein Leben», sagt er zu ihr, «und das ist dein Leben. Ich bin dein Sohn, und ich bin stolz, daß ich es endlich geschafft habe. Auch du kannst stolz auf mich sein.» Ihm ist klar geworden, daß er sich seine Mutter vom Leib halten muß. Wenn er sich nicht genügend von ihr abgrenzt, verfällt er immer noch ihrem Bann.

Im Anschluß erlebt Paul während der Initiatischen Atmung sehr schmerzhaft seine körperlichen Blockaden. Er schreit und tobt, um sich davon zu befreien, was ihm mit Hilfe des Therapeuten und des Begleiters[28] auch gelingt.

Alle Anwesenden bemerken, daß er nach dieser Atmung wie umgewandelt wirkt: Er erscheint stark und mutig, seine Stimme ist fest; augenscheinlich ist er von seiner eigenen Kraft begeistert. Sein Gesicht wirkt klar und offen, als er berichtet, was er während der Atmung erlebt hat:

Zunächst sah er sich vor einer Höhle – dem Mutterschoß – stehen. An seiner Seite war der Drache, im Hintergrund eine arkadische Landschaft. Da sagte der Drache zu ihm:

«Dies ist das Land der Verheißung; die Schätze gehören dir, wenn du kämpfst, und auch ich will dir dann dienen. Wirst du aber schwach und willst dich zurückziehen, dann habe ich Macht über dich, stürze dich in Depressionen und sitze dir im Genick.»

Das Wunder der Verwandlung scheint bei Paul geschehen zu sein.

Nach dem Seminar nimmt er, wie vorher abgemacht, eine Frau und deren Hund in seinem Auto mit. Da sie ihm mit ihrer Quengelei lästig wird und ihm droht auszusteigen, wenn er dies und jenes nicht mache, hält Paul kurzerhand an und setzt sie mit dem Hund und ihren Habseligkeiten auf die Straße. Dazu wäre er früher nie imstande gewesen.

Zu Hause aber erwartet ihn der härteste Heldenkampf: Seine Frau ist verärgert, da er während des Seminars nicht angerufen hat. Bestimmt stecke eine andere Frau dahinter, behauptet sie, knallt die Türen und wirft mit Gegenständen. Paul zieht sich zusammen; noch schafft er es nicht, sich dem Hausdrachen zu stellen. Also geht er hinaus, um sich bei einem Spaziergang zu sammeln.

Als er zurückkommt, stürmt sie wie eine Furie auf ihn los. Da steigt in Paul die Wut hoch, er packt sie und schreit: «Jetzt ist aber Schluß!» Und er knallt ihr rechts und links eine Ohrfeige.

Die Frau ist erst sprachlos, dann verlangt sie empört, daß er sich entschuldigen solle. Doch Paul bleibt hart: Erst soll sie sich entschuldigen, dann ist auch er bereit dazu.

Noch ist der Drachenkampf für Paul nicht ausgestanden. Sein nächster Heldenstreich: Nach Jahrzehnten nimmt er sich den Vollbart ab. Seine Frau ist schockiert über das Gesicht, das hinter der Maske hervorkommt: «Du siehst ja aus wie deine Mutter!» Sie nennt ihn sogar beim Namen seiner Mutter – Dorothea – und bittet: «Versprich mir, den Bart wieder wachsen zu lassen.»

Depressionen befallen Paul. Er erkennt, was er hinter seinem Bart versteckt hielt. Schmerzlich erinnert er sich an seine Schulzeit, als er als «Eierkopf» verspottet wurde. Er fürchtet sich, ohne Bart zur Arbeit zu gehen, und ihm wird bewußt, wie abhängig von seiner Umwelt er ist. Aber diese Depressionen vergehen – stärker ist die Kraft, die er aus dem gewonnen Drachenkampf bezieht.

Als er zum ersten Mal nach dem *Drachenkampf*-Seminar zur Therapiestunde kommt, staune auch ich über seine Veränderung. Lachend erzählt er von den Abenteuern mit seiner Frau und an der Arbeitsstelle, wo sich alle über sein energisches Auftreten wundern.

Der *Drachenkampf* sei der Durchbruch für ihn gewesen, sagt er. Ich warne ihn vor dem Teufel, der sich ihm mit ziemlicher Sicherheit zeigen werde, um ihm seinen Sieg zu nehmen. Nach alter Erfahrung, sage ich, komme der Teufel binnen 24 Stunden, wenn der liebe Gott da war – ein Satz von Graf Dürckheim, den auch ich vielfach bestätigt gefunden habe.

Am nächsten Tag ereilt Paul der prophezeite Einbruch: Auf eine Empfehlung geht er zu seiner Wahrsagerin, die er als sehr mütterlich empfindet und die den offensichtlich noch nicht ganz erlösten Muttersohn in ihm wahrnimmt und ausnutzt. Sie wird zu einem weiteren Mutterdrachen für ihn.

Nachts darauf hat er einen Traum: Die Wahrsagerin nimmt ein Kruzifix von der Wand und löst den Querbalken, aus dem zwei scharfe Nägel ragen. Damit er gesund werde, erklärt sie, müsse sie ihm diesen Querbalken ins Herz drücken. Sie kommt auf ihn zu, er schreit «Nein!», doch sie setzt den Balken an, und er spürt, wie ihm die Nägel ins Herz dringen. Mit furchtbaren Herzstichen wacht er auf; seine Frau muß den Arzt rufen; im Laufe des Tages stellen sich Unwohlsein und Fieber, Erbrechen und Durchfall ein. Der Arzt diagnostiziert eine fiebrige Darminfektion.

Aber Paul läßt sich nicht unterkriegen. Bald darauf findet er seinen inneren Helden wieder. Zuletzt hat er zwei positive Träume. Der erste Traum: Die Mutter Kirche stürzt ein (Mutterbauch und Mutter sind nicht mehr wichtig für ihn). Und der zweite: Am Himmel sind dunkle Wolken, doch auf einmal bricht die Wolkendecke auf. Paul malt dieses Bild und nennt es *Mein Durchbruch*. Er vergleicht das Traumbild auch mit der Jakobsleiter im Alten Testament, die von der Erde bis zum Himmel reicht: Die väterliche Kraft wird sichtbar.

Schließlich hat Paul es geschafft: Seine Frau und er vertragen sich wieder gut; er fühlt sich als gleichberechtigter Partner. Zärtlichkeit ist wieder möglich, nach sehr langer Zeit auch wieder Sexualität. Beiden wird bewußt, daß sie sich wirklich lieben. Auch sein Berufsleben empfindet Paul nun als zufriedenstellend.

Dieses Beispiel verdeutlicht auch, was ich hier als kleines Fazit an den Schluß des Kapitels stellen möchte: Der erste Teil der Lebensaufgabe heißt *Aufarbeiten der eigenen Biographie.*

Übung: Dem inneren Drachen standhalten

Setzen Sie sich still hin zur Kontemplation, und gehen Sie in sich: Hatten Sie in letzter Zeit einen Traum, der Sie tief bewegt hat?

Gab es in Ihrer Jugendzeit oder Kindheit sich wiederholende Träume? Wenn ja, malen Sie diese heraus. Oft weisen solche Träume auf altes traumatisches Geschehen hin, das der Erledigung harrt.

Träumen Sie den Traum nun nochmals im Wachen, und geben Sie ihm ein gutes Ende – also eines, bei dem Sie zu Ihrem eigenen Besten handeln. Wenn Sie beispielsweise verfolgt werden und laufen und laufen, so bleiben Sie diesmal stehen und drehen sich um.

Probieren Sie es selbst aus: Das Bild des Bösen wird ungefährlich, wenn man ihm standhält.

Das Mandala der Verwandlung (Abb. 1, Bildteil Buchmitte) zeigt ein wunderschönes Prozeßbild, das drei Ebenen umfaßt:

- die *biologisch-biographische Ebene*: Vater Adler und Mutter Schlange geben dem «goldenen Kind» – dem Stern – in der Geburt das Leben;
- das «goldene Kind» weist auf die zweite Geburt der *seelischen Ebene* hin: Die Initiation ist genommen als Beginn innerer Entwicklung;
- auf der *geistigen Ebene* beschreibt das Bild die mythologische Dualität und die stete Verwandlung beider Prinzipien: des männlichen im Adler und des weiblichen in der Schlange. Der goldene Stern oder das goldene Kind steht als Sinnbild für den heilen und geheiligten Menschen.

7

Mythische Bilder im Prozeß der Selbstwerdung

Neben den esoterischen Wissensgebieten eignet sich, wie erwähnt, der Mythos als Weg der Offenbarung für Suchende. Die Mythen berichten uns von menschlichen Entwicklungsprozessen und initiatischen Reisen, vom Verhältnis zwischen Göttern und Menschen und vom Kreislauf des Vergehens und Entstehens.

Bemerkenswert ist die tiefe innere Übereinstimmung zwischen Mythen unterschiedlicher Kulturen: Ob im ägyptischen Mythos von Isis und Osiris oder in der Initiationsreise des Odysseus, in der germanischen *Edda*, im Shiva-Kali-Kult der indischen *Veden* oder im Mythos vom gekreuzigten und wiederauferstanden Christus – alle diese Geschichten berichten von der Ontogenese, der Entwicklung der Menschheit, reflektiert in Göttern und Helden der verschiedenen Zeiten und Kulturen.

Deutung und Bedeutung

Mythen sind Geschichten von archetypischen Personen und Situationen (Urbilder der Entwicklungsstufen), die dem einzelnen wie dem Kollektiv unterstützende, aufhellende und richtungweisende Sinnbilder vermitteln. Mythen zeigen uns beispielhaft evolutionäre Etappen und revolutionäre Umbrüche in der Menschheitsgeschichte auf, und sie zeigen vor allem, was der Mensch aufgrund seines transpersonalen Potentials zu entwickeln und zu leisten vermag.

Um Mythen zu verstehen – etwa die in allen Kulturen bekannten Geschichten vom Drachenkampf –, müssen wir lernen, ihre Bildersprache zu deuten. Da mythische Bilder mehrdimensional sind, können wir nicht ein für allemal ihre objektive Bedeutung fixieren: Für jedes Alter, jede Entwicklungsstufe enthalten sie einen anderen Aspekt; Mythen selbst sind so unerschöpflich wie die nie versiegenden Quellen und Schatzorte, von denen sie so häufig handeln. «Sinn und Zweck der Deutung», so die Jung-Schülerin Marie-Luise von Franz, «liegt darin, unser wurzelloses rationales Bewußtseins wieder an die Tiefe unserer unbewußten instinktiven Natur anzuschließen.»[29]

Circe beispielsweise steht für das Prinzip der großen negativen Zaubermutter, die Macht hat über «Muttermänner» – also über solche Männer, die sich vom Mütterlichen noch nicht lösen konnten. Die Kumpane des Odysseus kann Circe daher in Schweine verwandeln; Odysseus selbst aber – der Held, der selbstverantwortliche, gereifte Mann – durchschaut sie und ihr Ränkespiel. Damit verliert Circe ihre Macht über ihn, und er kann sich sexuell mit ihr vereinigen, ohne Schaden zu nehmen. Denn nun begegnet sie ihm auf der elementaren *und* auf der geistigen Stufe, und die Zauberin, die ja nicht nur negative Magie verkörpert, offenbart ihm die Geheimnisse der Welt.[30]

Der Weg des mythologischen Helden beginnt mit einem initiatischen Ereignis, das sein bisheriges Leben in Frage stellt – wie etwa bei Parzival – und ihn mit seiner Lebensaufgabe konfrontiert. Folgt er diesem Ruf, so begibt er sich – mit Jungs Worten – auf den Weg der Individuation. Dabei gelangt er stets in eine Unterwelt, um die von Drachen gehüteten Schätze zu heben.

Dieser Prozeßverlauf der Individuation gestaltet sich bei vielen Menschen äußerlich undramatisch, doch schmerzhaft ist er stets. Viele Abschiede von alten Bedingungen und Bindungen müssen wir auf diesem Weg nehmen. Angst vor dem Neuen führt zu Rückfällen; nur mit Bereitschaft zur Wandlung kommt man voran. Bei manchen Menschen, die in Spaltung und Gegensatz zu sich selbst geraten sind, kann der Individuationsprozeß daher höchste Dramatik entfalten und die Betreffenden bis an den Rand der Psychose treiben.[31]

Sehr häufig zeigt sich die Bildwelt des Mythos in Mandalas (Sanskrit: «Kreis»). Wer ein Mandala malt, ist angehalten, sich mit der Urform des Kreises auseinanderzusetzen, indem er im und um den Kreis herum zu malen beginnt, was er etwa während einer Initiatischen Atmung erlebt hat. Im Malen dieser Mandalas drückt sich das Selbst und Wesen des Menschen aus.

Damit wir die Gefahren auf dem Weg in die inneren Tiefen bestehen, ist eine gediegene Vorbereitung ebenso erforderlich wie tägliche Übungen: stilles Sitzen und kleine Rituale; Urgebärden und geführtes Zeichnen; Heraussetzen der inneren Bildwelt durch Malen oder Ausagieren im Spiel; schließlich auch Übungen wie Ai-Ki-Do oder Tai-Chi.

Um es noch einmal zu betonen: Notwendig ist stets das zweigleisige Vorgehen – einerseits die Arbeit am positiven Kern mit Hilfe der täglichen Übungen, andererseits die aufdeckende Arbeit: wahrnehmen, was uns am Weitergehen hindert, seinen Ursprung erkennen und uns das Unterdrückte und Abgespaltene inkorporieren, d. h. einverleiben.

Die mythologische Heldin

Jede Frau, die ihren Weg angenommen hat, wird sich eines Tages der Verletzungen bewußt, die ihr durch das männliche Geschlecht zugefügt wurden. Als Königin oder weiblicher Häuptling metzelt sie dann, erfüllt von Wut und Haß, alles Männliche nieder und stillt so ihren Rachedurst.

Nach diesem ersten Schritt zur Befreiung geht sie den zweiten, der Heilung bringt: Sie wendet sich zurück zu den Müttern, sei es in den mütterlichen Uterus, in eine symbolhafte Wabe oder in den Schoß der Erde. Dort wird die beschmutzte und verletzte Weiblichkeit gereinigt und geheilt, und wie ein Schmetterling, der den Kokon abschüttelt, entsteigt sie als Herrin neugeboren der Erde.

Die folgende Heldinnengeschichte hat eine Klientin im Anschluß an eine Initiatische Atmung niedergeschrieben:

> Ich nehme Abschied von meiner Mutter, es fällt mir sehr schwer, ein blau-gelbes Licht umgibt mich. Ich fliege mit großen schwarzen Flügeln im Universum umher, kämpfe mit einer Teufelsgestalt und besiege sie. Aber eine aus den Wolken fahrende Hand verdammt mich dazu, auf die Erde zurückzukehren. Ich liege im Wüstensand und bin unglück-

lich, weil ich wieder von vorn anfangen muß. Da erscheint mir ein riesiges strahlendes Kreuz, ich will mich erheben, doch eine Horde Reiter in Rüstungen reitet über mich hinweg und zertrampelt mich beinahe. Einer von ihnen aber hebt mich auf sein Pferd und bringt mich in ein Zeltlager.

Dort werde ich in ein Zelt gebracht und gefesselt. Eine Riesenschlange kommt züngelnd auf mich zu; ich setze ihr meine ganze Kraft entgegen, da wird sie zu einem leuchtenden Stein, der in meinen Unterbauch einwandert, und die Fesseln fallen von mir. Ich bekomme ungeheure Kraft, und als ein paar Männer zum Zelt hereinschauen, habe ich den Kopf voll Hörner und Schlangen. Die Männer haben schreckliche Angst vor mir, und ich muß lachen. Da kommt mein Retter und setzt sich vor mich hin und schaut mir lange in die Augen. Ich bin sehr verliebt in ihn, kann mich aber nicht mit ihm vereinigen, weil ich für ihn keine richtige Frau bin, sondern ein magisches Wesen. Als er wieder geht, bin ich sehr traurig.

Nun bin ich ganz allein und einsam, umgeben von einer blau-weißen Eislandschaft. Ich komme zu einer grünen Wiese am Waldrand, wo mir ein leuchtendes Reh begegnet. Ich erzähle ihm von meiner Einsamkeit, und es sagt: «Ja, aber das ist dein Weg, und ich bin dein Tier.» Es legt sich zu mir, und in seinem Schutz schlafe ich ein.

Ich komme zu einem großen Pilz, der zu mir sagt, ich müsse ihn essen, dann würde ich eine normale, weltliche Frau werden und könne mich mit jedem Mann vereinigen. Ich kämpfte lange mit mir, kann mich zwischen Trieb und Geist nicht entscheiden. Esse ich den Pilz, so überwinde ich meine Einsamkeit; aber es wäre auch ein Rückschritt auf eine niedrigere Stufe. Da mein innerer Kampf zu keiner

Entscheidung führt, werde ich für lange Zeit zu Stein, dann zu Moos, schließlich zu einem großen Baum.

Verfolger reiten vorbei, das Reh kehrt zurück, ein großer Blitz zuckt, und da steht anstelle des Rehs ein männlicher Engel vor mir. Ich selbst bin nun ein weiblicher Engel, wir beide bekommen weiße Flügel und weiße Vogelköpfe und fliegen ins Universum. Ich fühle mich ganz mit ihm. Wir müssen zu unserer nächsthöheren Instanz fliegen, einer riesenhaften Gestalt mit schwarzem Adlerkopf. Ich will das Wesen genau ansehen, aber es sagt, ich dürfe es nicht zu lange anschauen. Ich halte seinem Blick trotzdem stand, wieder zuckt ein Blitz, das Wesen und mein Begleiter verschwinden, und ich löse mich auf und fühle mich erlöst.

Während ihrer Abenteuer bekommt die Heldin mehrfach Gelegenheit, «Menschin» zu werden, doch jedesmal schlägt sie die Chance aus. Ihre Einsamkeit wäre überwunden, wenn sie von jenem Pilz essen würde, aber diesen «Rückschritt» ins Menschliche will sie nicht. So wählt sie lieber die Gestalt eines Engels, zieht also die jenseitige Welt vor.

Da die gesamte Menschheitsgeschichte, wie gesagt, in uns gespeichert ist, verwundert es nicht, daß sich auch im Erlebnisbericht dieser Klientin Sujets, Symbole und Bilder aus Märchen und Mythen finden, wie sie in vielen Kulturen vorkommen: die Riesenschlange, die zu einem leuchtenden Stein wird und in den Unterbauch der Heldin hineinwandert, wodurch ihr ein Medusenhaupt wächst; das Ritual des Pilzessens, das Verwandlung verspricht; der Flug ins Universum zum großen Adler, der an die Nahtoderfahrungen der indianischen Naturvölker erinnert.

Übung: Die Räume des Helden und des Drachen

Setzen Sie sich aufrecht hin. Atmen Sie tief und lang, mit geschlossenen Augen, und spüren die Hara-Kraft im Bauch und die Energie des Dritten Auges an der Nasenwurzel zwischen den Brauen.

Sie befinden sich in einer Art Vorhalle eines Schlosses. Links und rechts ist jeweils eine Tür. Sie nähern sich der linken Tür und erkennen, daß dort etwas geschrieben steht. Als Sie davorstehen, lesen Sie die Aufschrift «Zum Raum des Helden».

Wie sieht diese Tür aus? Welche Farbe und Form hat sie? Aus welchem Material besteht sie? Treten Sie ein und gestatten sich eine kurze Begegnung mit Ihrem Helden.

Durch dieses Treffen gestärkt, bringen Sie nun genügend Mut auf, um in den Raum hinter der rechten Tür zu sehen. Vorher betrachten Sie aber auch diese Tür, auf der «Zum Raum deines Drachen» geschrieben steht. Betrachten Sie auch diese Tür genau, dann treten Sie ein und stellen sich Ihrer ungeliebten Schattenseite – Ihrem Drachen. Die heldische Kraft in Ihnen hält diesen Drachen in Schach.

Nachdem Sie diesen Raum wieder verlassen haben, malen Sie Ihren Helden und Ihren Drachen.

PS: Drachen bewachen Schätze.

PPS: Die Kraft zum Handeln kommt aus der dunklen, der Drachenseite.

8

Von Helden und Heiligen

Worin besteht die Aufgabe des wahren Helden? Wer nur aus Anmaßung das Abenteuer sucht oder sich absondert, um etwas Besonderes zu sein, ist kein wirklicher Held. Auch suchen viele Menschen die heroische Herausforderung aus Lust am Untergang, die ihnen jedoch meist nicht bewußt ist. Alle diese falschen Helden enden oftmals wie die klassischen Heroen: erst Größe, dann Elend, erst Hochmut, dann Fall.

Falsche Helden

Viele menschliche Tragödien beginnen schon sehr früh – und mit ihnen der Wunsch, etwas Besonderes zu sein. Wenn Eltern ihre Kinder in eine besondere Position drängen, so wissen die Kinder meist nicht mehr ein noch aus. Innerlich zerrissen, verlieren sie oftmals ihre Identität und handeln nicht aus eigenem Antrieb, sondern so, wie andere es scheinbar von ihnen erwarten. – Hierzu ein Beispiel:

Eine Mutter sagt zu ihren fünfjährigen Zwillingen: «Ich bin erst 24, ich fühle mich nicht als Mutter. Sagt einfach Irmgard zu mir!» Die beiden kleinen Mädchen sind sehr stolz, fühlen sich als etwas Besonderes – und haben plötzlich zwar eine «Irmgard», aber keine Mutter mehr. Um in solcher Unsicherheit zu bestehen, muß das Kind sich einen Panzer zulegen: Brust raus, Bauch rein; den Hals lang gemacht und von oben herab blicken – das macht die anderen klein, und man selbst wird stark, wenn auch nur pseudostark.

Aber so wie den Zwillingen in unserem Beispiel bleibt vielen keine Wahl: Auf einmal sind sie zu Halbwaisen geworden. Und damit ist der Weg ins falsche Heldentum vorgebahnt, der Egotrip des selbsternannten Heroen oder Heiligen, der Gott oder Schicksal werden will. Auf diesem Irrweg bleibt er, selbst wenn er auf die Nase fällt, denn das falsche Heldentum dient ihm als Ersatz für echte Identität.

So bleibt der scheinbare Held tief im Dunkel der Unterwelt hängen. Er maßt sich etwas an, das ihm nicht gebührt – und geht unter. Erinnern Sie sich an die Geschichte *Der Fischer und seine Frau*? Auch dort fehlt jedes Menschenmaß.

Wahre Helden

Dagegen versucht der wirkliche und erfolgreiche Held stets zuerst das Gewöhnliche zu tun, ehe er das Außergewöhnliche beginnt. Noch besser: Er versucht das Außergewöhnliche im Gewöhnlichen zu tun. Der wirkliche Held will nichts Besonderes sein. Wozu auch? Er weiß ja: Als Mensch ist er – wie jeder Mensch – einzigartig.

War Prometheus, der weltbekannte griechische Heros, ein wirklicher oder ein Pseudoheld? Wäre die folgende Version des Mythos bekannter, so würde sich der klassische Heros vielleicht geringerer Wertschätzung erfreuen.[32]

Die Götter hatten gerade beschlossen, den Menschen das Feuer zu geben, da eilte der Götterbote Merkur herbei und sprach: «Prometheus, der Menschensohn, hat eben das heilige Feuer vom Altar der Götter geraubt, um es den Menschen zu bringen!»

Da wurden die Götter zornig, fingen den Dieb ein und ketteten ihn an einem Felsen im Meer. Und täglich kam ein Adler und fraß ihm die Leber auf.

Von einem wirklichen Helden kündet dagegen die folgende Geschichte:

Bu-Dai, ein Bodhisattva, stieg im grauen Morgennebel vom Freudenhaus der Frauen hinab, wo er wieder gezecht und gehurt und dabei 30 Sünder erleuchtet hatte. Vor der Stadt begegnete ihm ein kleiner, dürrer Mönch namens Ham-San.

«Wo willst du hin?» fragte Bu-Dai. Groß und mit schwerem Bauch, grinsend und breitbeinig, seinen dicken Beutel am Stock über der Schulter, stand er vor dem Mönch.

«O Herr», sagte Ham-San, der ein kleines Beutelchen am dünnen Wanderstab trug, «zu einem neuen Meister der Erleuchtung!»

«Wie lange meditierst du schon?» fragte Bu-Dai.

«Ungefähr 50 Jahre.»

Da lachte der dicke Kerl sein großes Lachen, das bis zum Mond hinauf schallte, und Ham-San wurde vom Blitz der Erleuchtung getroffen. Sein Stab und Beutel fielen zur Erde. «Was nun?» fragte der kleine alte Mönch.

Bu-Dai hob ihm Sack und Holzstock auf und sprach: «Na ja, weitergehen eben – was war denn schon Besonderes?»[33]

Der Weg der Erleuchtung ist einfach und alltäglich – so wie der Weg des wirklichen Helden. Und ebenso wie die Mythen erzählen auch die Märchen von wahren und von falschen Helden; zum Beispiel *Rumpelstilzchen*:

Ein Müller hatte eine Tochter, die sollte etwas Besonderes sein, wie es mit Einzelkindern oft geschieht. Er ging mit ihr zum König und sprach: «Mein König und Gebieter, dies hier ist meine Tochter, die von jeher ein vorzügliches Talent besitzt: Sie weiß, wie man Stroh in pures Gold verwandeln kann!»

Das hörte der König gern. Er brauchte nämlich Geld für seine Kriege, und so nahm er das Angebot des Müllers dankend an und das Mädchen gleich zur Frau.

Nach der Hochzeitsfeier, als die Gäste alle abgereist waren, bat der König seine Frau, nun Ernst zu machen mit dem Gold. Er führte sie in einen Turm und ließ drei Fuder Stroh dorthin fahren, damit sie daraus Berge Goldes spinnen könnte. Dann wandte er sich um und kehrte in sein Schloß zurück. Das Mädchen aber saß allein in all dem Stroh und weinte bittere Tränen. Denn sie hatte zwar so manches gelernt, aber die Fähigkeit, Stroh in Gold zu verwandeln, gehörte nicht dazu.

Der Müller kam vorbei, um nachzusehen, wie weit sie wäre, und schalt seine Tochter, als er sah, daß kein Zauberwerk geschehen war. «Erinnere dich!» mahnte er. «Du weißt schon, wie es geht!» Da weinte sie noch mehr.

Am nächsten Tag ging sie zum König und sagte: «Mein Vater hat gelogen. Ich kann weder Stroh noch sonst etwas in Gold verwandeln. Ich bin nur ein ganz normaler Mensch. Nun richte mich, denn ich bin deiner nicht würdig.»

Stumm sah der König lange vor sich hin, dann sprach er: «Nun bin ich zwar ums Gold betrogen. Also kann ich auch keine Kriege führen, aber das ist gut so. Dich richten? Nein – deinen Vater wohl, denn in seinem Wahn stößt er andere Menschen in Tragödien. Du aber scheinst mir klug und wahr zu sein, mit Mut zur Tat begabt und dennoch ganz normal. Solche Menschen gibt es selten hier am Hof und im ganzen Land. Bleib bei mir, komm, und gib mir deine Hand!»

Und als Rumpelstilzchen bemerkte, daß seine Zauberkünste nicht gebraucht wurden, bekam es eine solche Wut, daß es sich selbst in tausend Stücke riß ...

Der wahre Held, die wirkliche Heldin stellen sich auf den Platz, der ihnen gebührt, und tun dort das, was ihnen angemessen ist. Im 10. Kapitel der Zen-Geschichte *Der Ochs und sein Hirte* heißt es von dem Mönch Bu-Dai:

> ... bald kommt er mit einem ausgehöhlten Kürbis herein auf den Markt, bald kehrt er mit einem Stab in der Hand in die Hütte zurück. Wie es ihm gefällt, besucht er die Weinkneipen und die Fischbuden, um die betrunkenen Menschen zu sich selbst erwachen zu lassen.[34]

Bu-Dai vollzieht mit jeder einfachen Tat das Wunderbare, und er würde das vermeintliche Lob weit von sich weisen, wenn jemand das Außergewöhnliche, gar das Heilige seines Wirkens rühmen wollte.

> Mit entblößter Brust und nackten Füßen
> kommt er herein auf den Markt.

Das Gesicht mit Erde beschmiert,
der Kopf mit Asche über und über bestreut.

Seine Wangen überströmt
von mächtigem Lachen.

Ohne Geheimnisse und Wunder zu mühen,
läßt er jäh die dürren Bäume erblühen.[35]

Wahre Helden und Heldinnen sind gerade heute als lebendige Erneuerung des Mythos gefordert. Dieser Heldenweg führt durch die Tiefen des Unbewußten zu unserem eigenen Wesen und ist zugleich Dienst am neuen Menschentum. Der wirkliche Held ist ein dienender Heros, der sich in die Pflicht nehmen läßt.

Übung: Hawaiianisches Ritual des Segens und der Verwandlung

Stehen Sie kraftvoll auf Ihrem Platz, und spüren Sie Ihre Fußsohlen auf der Erde. Strecken Sie Arme und Hände über dem Kopf, als wollten Sie die Sterne ergreifen, und sprechen den Satz: «Ich nehme die Kraft des Feuers in mich hinein!» Atmen Sie die Feuerkraft tief ein, ergreifen Sie sie mit den Händen, ballen Sie die Fäuste, führen diese im Ausatmen nach unten legen sie auf Ihren Nabel.

Heben Sie nun Arme und Hände in V-Form über Ihren Kopf und sprechen den Satz: «Ich nehme die Kraft der Winde in mich hinein!» Wie vorhin atmen Sie tief ein, nehmen die Kräfte in die Hände und legen beim Ausatmen Ihre Fäuste wieder auf den Nabel.

Nun breiten Sie Ihre Arme waagrecht aus und sprechen den Satz: «Ich nehme die Kraft der Meere in mich hinein!» Wiederum im Einatmen die Kräfte nehmen und im Ausatmen die Fäuste auf den Nabel legen.

Danach bewegen Sie Ihre Arme und die offenen Hände zum Boden hin und sprechen den Satz: «Ich nehme die Kraft der Erde in mich hinein!» Im Einatmen abermals die Kräfte nehmen und im Ausatmen die Fäuste wieder auf den Nabel legen.

Sodann beschreibt der linke Arm eine hineinnehmende Kreisbewegung (Einatmung), die linke Hand schließt sich zur Faust und legt sich auf den Nabel (Ausatmung). Dazu sprechen Sie den Satz: «Ich nehme die Kraft der Pflanzen in mich hinein!»

Wiederholen Sie diese Bewegungen mit dem rechten Arm und der rechten Faust und sprechen den Satz: «Ich nehme die Kraft der Tiere in mich hinein!»

Strecken Sie nun die Arme in Brusthöhe nach vorne. Die Hände sind geöffnet, während Sie sagen: «Ich nehme die Liebe der Menschen in mich hinein!» Atmen Sie tief ein, und kreuzen Sie beim Ausatmen die Arme über der Brust, wobei die Hände geöffnet bleiben.

Sodann formen Sie mit den Händen eine Schale, wobei die Arme gestreckt bleiben. *Was wollen Sie am heutigen Tag verwandeln oder segnen?* Haben Sie das Betreffende gefunden, so sprechen Sie es murmelnd (nicht nur denkend) aus. Nun lassen Sie das, was Sie verwandeln oder segnen möchten, in Ihren Händen zu einem Symbol werden. Ist das Symbol entstanden, blasen Sie es, dabei kraftvoll durch den Mund ausatmend, in den Äther.

Schließlich machen Sie mit dem rechten Fuß einen Schritt nach vorn. Ihr rechter Arm ist gestreckt, die rechte Hand zur Faust geballt. Während die linke flache Hand auf die rechte Faust schlägt, rufen Sie laut und fest *«Ho!»* («So wird es sein!»).

Auf den Punkt gebracht

- Das *Trauma* ritzt sich in jede Zelle unseres Körpers. Heilung von diesem schmerzhaften Erlebnis erfordert Zeit. Wir müssen das Trauma wahrnehmen und seine Ursachen erkennen, es handelnd verarbeiten und die neu gewonnenen Fähigkeiten gestaltend in den Alltag einbringen.
- Als *Urmuster* bezeichnen wir die ersten schmerzlichen Erfahrungen im Mutterleib und während der Geburt. *Kernmuster I* heißen die ersten Wiederholungen des Urmusters in der Kindheit. Die zweite Wiederholung in der Jugend nennen wir *Kernmuster II.*
- Zur Auflösung des traumatischen Vorfalls sind drei Schritte der Verwandlung erforderlich: Entladung der Wut – Verständnis und Verständigung – Befriedung und Zustimmung.
- Die Wiederherstellung der *inneren Ordnung* beginnt damit, daß wir uns nehmen, wie wir sind, und so unsere Selbstliebe wiederentdecken. Darauf folgt die Aufgabe, Ordnung zu schaffen in der Beziehung zu den Eltern. Denn alles, was mit den Eltern nicht bereinigt ist, bekommen die Partner ab.
- *Mythen* sind Urbilder menschlicher Erfahrungsweisen. Aus ihrem Nachvollziehen erwächst die Kraft zu Reinigung und Neuordnung in der Familie, in der Partnerschaft und in uns selbst. Der wahre Held wirkt in der Stille; der Heldenweg führt durch das Drachenland des Unbewußten zu uns selbst.

Abb. 1 Mandala der Verwandlung

Abb. 18 Bei einer Rückführung in den Mutterleib gelangte Marlies dorthin zurück, «wo mein Bruder und ich so klein wie Sandkörner sind». Ihrem Bild gab sie den Titel «Das ozeanische Gefühl – mit meinem Bruder im Mutterleib».

Abb. 19 «Mein Bruder und ich in einem seligen Zustand.»
Auch dieses Bild und die folgenden (Abb. 20 bis 28) gehören zu dem Zyklus, den Marlies nach ihrer Rückführung gemalt hat.

Abb. 20 Ende des dritten Monats: «Mein Bruder wird in einen dunklen Kanal ‹weggesogen›; die Plazenta nimmt ihn auf. Ich weiß, daß ich dort nicht hin kann, und bin todtraurig. Erst jetzt stelle ich fest, daß ich noch eine Schwester im Mutterleib habe.»

Abb. 21 «Die Seele meines Bruders geht zum Licht und winkt mir zum Abschied zu.»

Abb. 22 «Nach dem Tod meines Bruders bin ich mit meiner Schwester allein.»

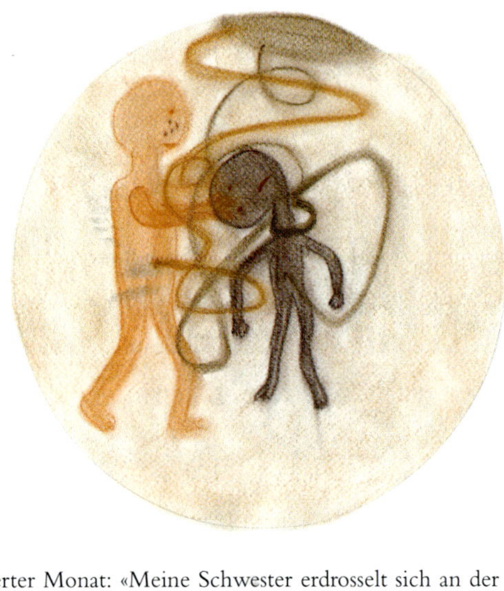

Abb. 23 Vierter Monat: «Meine Schwester erdrosselt sich an der Nabelschnur.»

Abb. 24 «Die Leiche meiner Schwester hängt an der Nabelschnur.»

Abb. 25 «Während der ganzen Schwangerschaft bleibt meine tote Schwester mit mir im Mutterleib.» (Fetus papyraceus)

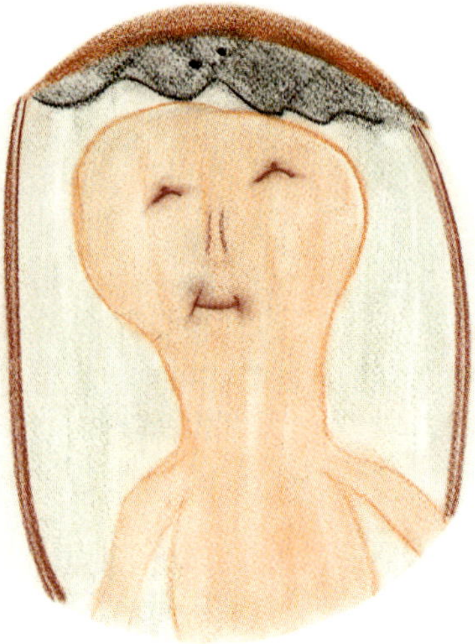

Abb. 26 «Der mumifizierte Leichnam meiner Schwester schiebt sich bei der Geburt vor den Muttermund und behindert mich.»

Abb. 27 «Bei der Geburt muß ich durch meine Schwester, den Fetus papyraceus, hindurch.»

Abb. 28 Nach Grauen und Trauer tritt zuletzt auch bei Marlies innerer Frieden ein, nachdem sie ihre im Mutterleib verstorbenen Geschwister durch ein Ritual verabschiedet hat: «Mein Bruder und andere Mitglieder meiner Seelenfamilie winken mir zu», schrieb sie zu diesem Bild.

Abb. 29 Bis zum dritten Monat befand sich Sieglinde zusammen mit drei Zwillingsbrüdern im Mutterleib. Dann starben die beiden eineiigen Brüder (im hellen Kreis). Sie blieb mit dem dritten Bruder zurück, der Ende des vierten Monats starb und als Fetus papyraceus im Mutterleib verblieb.

Abb. 30 In Spiralen wurde Sieglindes toter Bruder im Mutterleib herumgeschleudert, so daß eine Welle auf sie schwappte.

Abb. 31 Vom Herzen her fühlte sich Sieglinde weiterhin an den Bruder gebunden.

Abb. 32 Auch dieses Bild bezeugt Sieglindes enge Beziehung zum Bruder im Mutterleib, symbolisiert durch seine an ihren Fuß gebundene Seele.

Abb. 33 Außerhalb des Mutterleibs: Der verstorbene Bruder hält die überlebende Schwester fest. Kains-Gefühle geglaubter Schuld hängen an ihr wie der sprichwörtliche «Klotz am Bein».

Abb. 11 Die Situation der Vorempfängnis:
Eine Seele wird in den Leib geleitet.

Teil III

Die embryonale Situation als zweite Problemursache: traumatische Vorfälle und systemische Bindung im Mutterleib

1

Der schuldhafte Zwang

Nach Feststellungen der neueren embryologischen Forschung entstehen bei einer Vielzahl von Zeugungen zwei oder mehr Embryos.[36] Aus der Tatsache, daß die Einzelgeburt dennoch bei weitem häufiger vorkommt als Mehrlingsgeburten, folgt zwingend, daß viele Embryos im Mutterleib absterben. Geschieht dies bis zum dritten Monat, so bleiben sie meist unbemerkt und werden von der Plazenta wieder aufgenommen. Manchmal treten bei der Mutter Blutungen auf. Nachweisen kann man das oder die verstorbenen Geschwister des lebend geborenen Kindes, wenn die Plazenta untersucht wird.

Neben dieser embryonalen Situation, die zu systemischer Bindung des Überlebenden – vor allem zu massiven Schuldgefühlen im Sinne des Kain-Komplexes – führen kann, stelle ich in diesem III. Buchteil weitere traumatische Komplikationen dar, die im Mutterleib auftreten: Traumatische Urerlebnisse können uns zwischen Empfängnis und Geburt auch dadurch widerfahren sein, daß die Mutter beispielsweise Medikamente, Alkohol, Nikotin oder andere Drogen konsumiert hat, ebenso durch häuslichen Streit der Eltern, den Tod des Vaters, Abtreibungsversuche oder andere Einwirkungen.

Traumsignale

Oft sind es Träume oder die Bilder, die nach Initiatischen Atmungen gezeichnet werden, dann wieder seltsam paradoxe Handlungen eines Menschen in seinem Leben, die uns auf eine traumatische oder systemische Situation im Mutterleib schließen lassen.

Mittels Rückführung bringen wir die Situation sodann ans Licht, um sie aufzulösen, indem sie dissoziiert noch einmal angeschaut wird und der Mensch die unterdrückten Gefühle zuläßt. Um es nochmals zu betonen: *Dissoziiertes Betrachten* meint, daß sich die Klienten nicht mit dem alten Schmerz identifizieren (was eine Lösung eher verhindert), sondern ihn aus heutiger Distanz anschauen und sich so aus der Verstrickung lösen.

Die embryonale Situation vermag systemische Schuld ebenso wie traumatische Urerlebnisse hervorzurufen, die den Menschen in seinem späteren Leben erheblich beeinträchtigen können. Aus diesem Grund ist eine therapeutische Rückschau geboten, sowie uns Signale – in Träumen oder etwa beim Mandala-Malen – einen Hinweis auf vorgeburtliche traumatische oder systemische Konflikte liefern.

Auch hierzu wieder ein Beispiel aus der Praxis:

Eine dreißigjährige Frau befand sich schon seit geraumer Zeit bei mir in Therapie. Vieles war bereits ein- und aufgelöst worden, nicht jedoch ihr Hauptproblem, das in der Partnerbeziehung lag. Obwohl sie regelmäßig ihre Übungen machte, ehrlich mitzuarbeiten versuchte und sich nach Kräften einsetzte, wollte die Lösung dieses Problems nicht gelingen:

Wann immer eine Beziehung in ihrem Leben gut zu werden versprach, zerstörte sie diese wie unter einem Zwang. Sie ohrfeigte ihren Partner in aller Öffentlichkeit, warf ihn aus der gemeinsamen Wohnung hinaus oder fand irgendwelche Gründe, um ihn loszuwerden. Darüber war sie jedesmal sehr unglücklich und verstand selbst nicht, warum sie so zerstörerisch handelte. Bis sie eines Tages von einem Traum berichtete:

Sie befindet sich in einer schleimigen, glibberigen dunklen Landschaft. Monsterwesen mit grünen Augen greifen sie an, ähnlich wie zuvor bereits während Initiatischer Atmungen, doch diesmal ist sie geschützt in einem Fahrzeug und wartet. Links von ihr, in einiger Entfernung, sitzt ihre Urgroßmutter, die für sie seit langem ein helfender Ahn ist, und neben der Urgroßmutter ist eine kreisrunde «Sonne» zu sehen: das Ende eines Geburtskanals, denn der Traum scheint die Austreibungssituation am Ende des Geburtsvorgangs darzustellen. «Wenn du noch länger wartest», sagt die Urgroßmutter zu ihr, «wird es zu spät sein.» Dann spült eine grüne Welle die Wartende hinweg.

Wenn der Traum also von einer Geburtssituation handelt – auf wen wartet sie? Auf einen Zwillingsbruder, eine Zwillingsschwester?

Mit dieser Frage konfrontiert, antwortet die Klientin bestürzt: «Meine Mutter hat mir erzählt, ich hätte sie als kleines Kind fast in den Wahnsinn getrieben mit der Frage, wo mein Zwillingsbruder sei.»

Kurz darauf verabreden wir eine Rückführung, bis hin zur Konzeption, um von dort die Zeit bis zur Geburt zu durchschreiten. Die Schilderung der Empfängnis durch die Klientin gibt den tatsächlichen physiologischen Ablauf wieder:

«Eine schwarze Samenschlange rast auf ein feuerrotes Ei zu. Ich bin aufs höchste gespannt und befinde mich zugleich in beiden – in der Schlange und im Ei. Die Schlange kämpft und geht schließlich in das Ei ein.»

Damit beginnt die Verwandlung in den embryonalen Zustand. Auf einmal ruft die Klientin überrascht: «Da ist noch jemand – ein Brüderlein!» Bewegt schildert sie, wie sie zusammen – Hand in Hand, Fuß an Fuß – im Fruchtwasser tanzen, wie sie miteinander spielen und wie sehr sie sich lieben. Es ist eine wunderbare Zeit für beide, mit intensiven erotisch-sexuellen Gefühlen – «schöner als bei jeder geschlechtlichen Vereinigung».

Wer bei Visualisierungen keine größeren Schwierigkeiten hat, gelangt – wie oben dargestellt – durch eine Rückführung recht schnell zurück zu Zeugung und Empfängnis und kann klar und bestimmt sagen: «Da ist noch jemand», oder: «Da sind mehrere», oder auch: «Ich bin allein.»

Im vorliegenden Fall befanden sich beide Zwillinge in je einer Fruchtblase. Daneben kommt es auch vor, daß (eineiige und gleichgeschlechtliche) Zwillinge in einer gemeinsamen Fruchtblase heranwachsen.

Weiter mit unserem Beispiel:

Bei der Rückführung zur Geburt hin voranschreitend, hat die Klientin den dritten Monat im Mutterleib erreicht. Plötzlich krümmt sie sich zusammen, ihre Finger verkrallen sich, ihr Gesicht ist verzerrt. Außer sich schreit sie: «Er stirbt! Er stirbt!»

Ich halte sie ganz fest und sage immer wieder: «Identifiziere dich nicht mit dieser Situation! Das ist geschehen und vorbei. Öffne die Augen und spüre, daß du hier bist.»

Als sie zu sich kommt, frage ich: «Was geschieht mit dem anderen, dem Brüderchen?»

«Es schrumpft zusammen», antwortet sie, «es wird ganz schwarz und verschwindet langsam.»

Wie mir Embryologie-Experten später erklärten, hatte die Klientin ziemlich genau beschrieben, was in einem solchen Fall – im Fachjargon «Vanishing Twin» genannt – tatsächlich im Mutterleib geschieht. Da der abgestorbene Embryo noch bis zum dritten Monat vom Mutterkuchen wieder aufgenommen werde, bemerke in der Regel niemand das Drama, das sich im Mutterleib abgespielt habe – außer dem Überlebenden, in dem oftmals scheinbar unerklärliche Gefühle von Schuld und Trauer zurückbleiben.

Noch einmal zurück zum Fall der dreißigjährigen Klientin:

Als ich weiter nachfrage, was sie (im dritten Monat im Mutterleib) sieht, antwortet sie:

«Mein Bruder geht in die Welt des Lichts ein, wo wir beide hergekommen sind.» Sie weint heftig und rollt sich eng zusammen. «Nun ist er entschwunden», sagt sie. Jetzt habe sie zwar mehr Platz, aber der Bruder fehle ihr sehr. Sie wolle ihm nachfolgen in die Welt des Lichts – also sterben.

Die Neigung, den verstorbenen Geschwistern in den Tod nachzufolgen, ist bei den Überlebenden sehr ausgeprägt. Auch später im Leben können sie in Krisensituationen häufig zum Suizid tendieren.

Traumatische Vorfälle im Mutterleib

Am selben Fallbeispiel läßt sich zeigen, wie schmerzlich und furchteinflößend vorgeburtliche traumatische Erlebnisse sind:

> Im weiteren Verlauf der Rückführung treten im siebten und achten Monat abermals jene schwarzen Monstertiere auf. Die Klientin fühlt sich wie gelähmt, während draußen zwischen den Eltern Streit herrscht. Die Mutter nimmt viele Beruhigungstabletten, die das Mädchen in ihrem Bauch in graue Schleier hüllen. Es kann nicht mehr kämpfen und nicht mehr wachsen. «Eine vergiftete schwarze Meeresflut geht über mich hinweg», berichtet sie, «tötet alles Leben und verseucht das Fruchtwasser. Tote Tiere und schleimige Ungeheuer mit grünen Augen sehen mich schrecklich an. Ich sitze im Panzerauto wie damals im Traum. Ich will nicht weg, ich muß auf meinen Bruder warten. Ich will auch nicht mehr leben ...»

Bei der «vergifteten schwarzen Meeresflut» dürfte es sich um die vielen Injektionen handeln, welche die Mutter in den Wochen vor der Geburt im Krankenhaus bekam, vielleicht auch schon um die Spritze zur Einleitung der Wehen, mit der die Nachtschwester den Geburtsvorgang beschleunigen wollte. Der später hinzukommende Arzt war über diese Eigenmächtigkeit der Nachtschwester entrüstet, die anscheinend nur an ihren Feierabend dachte und durch die Spritze die Geburt noch komplizierte.

Weiter berichtete die Klientin:

> «Die Urgroßmutter gibt mir einen Schubs. Das giftige Meer

spült mich hinaus. Mir ist kotzübel, ich habe starke Kopfschmerzen. Ich bin draußen und will sterben.»

In einer späteren Sitzung stellte die Klientin Parallelen zwischen der embryonalen Situation und ihrem weiteren Leben fest: «Meine längsten Beziehungen zu Männern dauerten zwischen eineinhalb und vier Jahren. Die Zeit zwischen dem Ende einer alten und dem Beginn einer neuen Beziehung war jeweils so lang wie die Beziehung davor. Ich hatte immer das Gefühl, ich müsse die schöne Zeit abbüßen, weil sie mir nicht zustünde, zumal meistens ich die Männer verlassen und immer ein schlechtes Gewissen hatte.»

Angemaßte Schuld

Neben den traumatischen Urerlebnissen, die sich in ihrem Leben wiederholen, stellt sich im Fall der Klientin der sterbende Zwillingsbruder als Hauptproblem dar: Der schicksalsbedingte Vorteil – der Bruder stirbt, sie darf leben – flößt der Überlebenden ein Gefühl von Kains-Schuld ein, die sie in ihrem Leben abzubüßen versucht. Sie bringt ein heroisches Opfer, aber als «falsche Heldin», denn ihr Lebensglück zu opfern nützt weder dem toten Bruder noch ihr selbst. Und doch tut sie es aus Liebe und Schuldgefühl.

Mit Bert Hellingers Begriff bezeichne ich diese geglaubte auch als «angemaßte Schuld». Sie ist keine wirkliche Schuld, denn niemand ist für das Schicksal eines anderen verantwortlich, und doch wirkt die angemaßte wie eine echte Schuld: Sie engt das Leben ein, behindert und vereitelt oftmals eine glückliche Partnerschaft. Die zwanghafte Zerstörung guter Partnerbeziehungen, von der Klientin immer wieder wie ein Sühneritual vollzogen, rührt unmittelbar von dieser systemischen Verstrickung aus embryonaler Zeit her: «Du mußtest sterben, und ich darf leben – also werde ich nicht glücklich sein!» Dieses unbewußte Versprechen hält die Schuld in ihr lebendig; die angemaßte Schuld zwingt sie, in jede Beziehung Unglück und Trennung vorab wie eine kleine Bombe einzubauen – und solange dies alles unbewußt bleibt, beschreibt sie wie unter einem Bann immer wieder dieselbe Kreisbewegung.

Solches Gebanntsein im Gefühl unbewußter Kains-Schuld zeigt sich auch an einem anderen ergreifenden Beispiel:

> Eine Frau, deren Mann bei einem Flugzeugabsturz umgekommen war, konnte ihren Schmerz nicht beenden. Immer wieder erlebte sie aufs neue in maßloser Trauer ihr Leid. Bei einer Rückführung wurde bei ihr ein im Mutterleib verstorbener Bruder entdeckt. Nachdem sie mehrmals von ihm Abschied genommen hatte, konnte sie sich auch von ihrem tödlich verunglückten Mann endgültig verabschieden.

So steht nicht selten hinter einem früh aus der Welt der Lebenden Gegangenen ein im Mutterleib verstorbenes Geschwister, das in einer Kreisbewegung unsere Trauer immer wieder aufs neue anfacht.

Im folgenden Beispiel wurde ein Geschwister im Mutterleib auf andere Weise erkannt und aufgefunden:

> Bei einer systemischen Stellung wurde offenbar, daß ein Klient seine jüngere Schwester über alles liebte, sie unter Tränen festhielt und nicht mehr loslassen wollte. Die Schwester, die von dieser Liebe schier erdrückt wurde, schien für jemand anderes zu stehen. Als ich eine Teilnehmerin bat, sich

vor die Füße der Eltern zu setzen – dorthin, wo sonst abgetriebene, totgeborene oder kurz nach der Geburt verstorbene Kinder ihren Platz haben – und den Klienten aufforderte, sich vor sie zu setzen, brach die Erinnerung an eine im Mutterleib verstorbene Schwester aus ihm heraus.

Übung: Pränatale Phantasie

Malen Sie aus der Phantasie heraus ein Bild, wie es im Mutterbauch gewesen sein mag. Kümmern Sie sich dabei nicht um etwaige Geschwister im Mutterleib.

Sollte ein dunkles, unheilvolles Bild entstanden sein, so malen Sie in jedem Fall noch ein helles, heilendes Bild vom Mutterbauch. Denn solche lichten Situationen gab es damals mit Bestimmtheit auch.

2

Die vergessenen Geschwister

Groß ist die Zahl der Menschen, die sich aufgrund des Todes eines Zwillingsgeschwisters im Unbewußten schuldig fühlen. Wo dieser Kain-Komplex wirkt, bringt er Unglück im ganzen späteren Leben – wie ein Schwur, dem Glück zu entsagen, den man vergessen hat und doch lebenslang blindlings befolgt. Wer im Bann solcher Schuld steht, wird immer wieder sein Glück zerschlagen – in Partnerbeziehungen, aber auch im Beruf.

Erkenntnisse der embryologischen Forschung

Eine Abfrage in unseren therapeutischen Gruppen ergab, daß – nach Gruppenvisualisierungen und Rückführungen in den Mutterleib – jeweils ein Drittel bis die Hälfte aller Teilnehmer im Mutterbauch einem Zwilling begegnet waren; von dreißig Personen also jeweils zehn bis 15. Einige Klienten berichteten von Erlebnissen im Mutterleib, die sich durch Rückführungen gleichfalls als Manifestationen von Zwillingsschwangerschaften verifizieren ließen.

Tatsächlich sind Mehrlingsschwangerschaften, bei denen nur ein Kind lebend zur Welt kommt, seit den frühesten Zeiten der Geburtshilfe bekannt.[37] Heute spricht man gar «von einem

Wettbewerb um das Raum- und Nährstoffangebot im Uterus».[38] Auch die reifen Eizellen im Mutterleib, die für eine künstliche Befruchtung entnommen werden können, beweisen die Häufigkeit von Mehrlingsschwangerschaften: Wie festgestellt wurde, sind in fast allen Fällen nicht nur ein oder zwei, sondern vier bis sechs oder mehr Eier zeugungsreif vorhanden.

Der «Vanishing Twin» hinterläßt in der Plazenta winzige Spuren von Knorpelgewebe, nachdem er im ersten Trimenon (1.–3. Schwangerschaftsmonat) verstorben ist. Mittels Ultraschall werden in diesem Zeitraum so häufig Zwillingsschwangerschaften festgestellt, daß den Gynäkologen empfohlen wird, diese Diagnose «nicht gleich den Schwangeren mitzuteilen»[39]: In der überwiegenden Mehrzahl der Fälle überlebt nur einer der Embryos das zweite Trimenon (4.–6. Monat). Zwillinge, die im zweiten Trimenon sterben, «schrumpfen» zu Mumien, die in die Plazenta eingehen bzw. in Plazentanähe absinken und in der Medizin «Fetus papyraceus» genannt werden.[40]

Die Gräber der vergessenen Geschwister

In vielen Fällen wird der Leib des Überlebenden buchstäblich zum Grab des im Mutterleib verstorbenen Zwillings. So mögen die «Vanishing Twins» vorübergehend – für viele Jahre, meist für Jahrzehnte oder für immer – vergessen sein. Doch viele melden sich eines Tages wieder.

Einige Beispiele: Einer Frau hatte der Arzt aus dem Eierstock ein Myom entfernt, in dessen Innerem embryonales Gewebe gefunden würde. Eine andere Frau mußte sich einer Kieferoperation unterziehen: Der Chirurg fand eine abgekapselte Geschwulst, in der bei der zytologischen Untersuchung gleichfalls embryonales Gewebe entdeckt wurde. Ein spektakulärer Fall erregte erst unlängst in der Fachpresse einiges Aufsehen: «Im Bauch eines 15jährigen Jungen» namens Hischam, meldete die renommierte *Medical Tribune*, «entdeckten ägyptische Ärzte ‹einen 2 kg schweren Fetus mit Kopf, Augen, Mund, Zunge, zwei Armen und zwei Beinen›. Für die Entdeckung gebe es», so der operierende Arzt der Kairoer Klinik, «nur eine Erklärung: ‹Vermutlich wurde der Junge mit einem Zwilling im Bauch geboren.› Der Fetus habe sich während der ersten fünf Monate

Abb. 2 Auf diesem Bild hat sich die Klientin als Kind in der Mitte von Mutter und Vater gemalt. An einer langen Nabelschnur und außerhalb des Lebenskreises liegt das mumifizierte Geschwister, das im Mutterleib verstarb.

der Schwangerschaft von Hischams Mutter im Bauch von Hischam normal entwickelt. Der 15jährige habe erst jetzt Beschwerden verspürt, weil sich eine Zyste um den Fetus gebildet habe.»[41]

Die Überreste der verstorbenen Geschwister können also in Zysten irgendwo im Körper «begraben» sein. Diese abgekapselten «Gräber» bleiben meist zeitlebens unbemerkt, es sei denn, die Zysten entzünden sich aus irgendeinem Grund, woraufhin das Gewebe medizinisch untersucht wird – und der Zwilling ans Licht kommt.

Allerdings können lediglich die sterblichen Überreste eineiiger Zwillinge, die normalerweise sehr früh – in den ersten Stunden oder Tagen nach der Empfängnis – verstorben sind, auf solche Weise im Körper des Überlebenden begraben sein. Fragt der Therapeut bei einer Rückführung: «Wohin geht er (oder sie)?», so lautet die Antwort: «Sie (oder er) geht in mich ein.» Später Verstorbene werden dagegen, wie gesagt, von der Plazenta aufgenommen und «schrumpfen weg», wie die Klienten diesen Vorgang beschreiben.

Mumifizierte Zwillinge

In meiner therapeutischen Praxis taucht der Fetus Papyraceus weit seltener auf als die im ersten Trimenon verstorbenen Geschwister. Aber auch ich bin in Rückführungen mehrfach auf mumifizierte Zwillinge gestoßen. Ursachen für das Entstehen eines Fetus papyraceus können u. a. Mißbildungen und Komplikationen mit der Nabelschnur sein.[42] So sagte eine Klientin bei der Rückführung: «Ich nehme meinem Bruder die Schlinge um den Hals ab.»

In einem anderen Fall, in dem die Schwester im fünften Monat verstorben war, hing sie dem Überlebenden wochenlang erst sterbend, dann tot und verdorrend in den Armen. Als Folge dieser grauenvollen Erfahrung war der Klient nicht willens und nicht imstande, dauerhafte Bindungen einzugehen, und statt dessen auf Prostituierte und Masseusen versessen, die ihm unverbindliche Verhältnisse ohne Dauer und Verantwortung erlaubten.

Britta, eine 33jährige Klientin, erlitt in Streßsituationen schwere Spasmen mit Husten und Erstickungsanfällen, starrem Hals und Brustschmerzen. Auch in der Therapiegruppe geriet sie während Bioenergetikübungen immer wieder in diese dramatische Situation, wobei ihr ganzer Körper zusammengekrümmt war und ihre Augen sich verdrehten. Als Ursache vermutete Britta den Versuch ihrer Mutter, sie mit einem Messer umzubringen: Damals war Britta sechs Monate alt, und die Mutter hatte zuerst das Baby, dann sich selbst erstechen wollen, da ihre Ehe zerrüttet war. Wir bearbeiteten dieses Thema, doch als Britta am nächsten Gruppenseminar teilnahm, stellten sich wieder dieselben dramatischen Spasmen ein. Ihrem Trauma mußte demnach ein anderes Erlebnis zugrunde liegen.

Während einer Imagination in Mutterleib, Geburt und frühe Kindheit sah Britta dann das Bild einer unkonturierten weißen Gestalt, umgeben von Schwärze (s. Abbildung 3). Sie ekelte sich davor und wollte nicht hinsehen. Nachdem ich das Bild gesehen hatte, vermutete ich gleich, daß es sich bei dieser Gestalt um einen Fetus papyraceus handelte, also um ein im zweiten Trimenon verstorbenes und sodann mumifiziertes Geschwister. Bei der anschließenden Initiatischen Atmung erschien ihr abermals dieses Gespenst; doch als sie diesmal genauer hinschaute, erwies es sich als toter Fötus.

Britta berichtet:

Ich sehe ein totes Baby. Es ist eklig. Es sieht verwest und zerfleddert aus, schwimmt im Wasser, und ich schaue direkt in sein Gesicht! Ich sehe seine geschwollenen geschlossenen Augenlider, das Tote in seinem Gesicht, die aufgedunsene Haut. (...) Langsam begreife ich, daß es meine Schwester ist. Ich kann nicht mehr. Erst als der Therapeut mir Energie und Anweisungen gibt, schaffe ich es, weiter in die Zeit vor dem Tod der Schwester zurückzugehen. Jetzt sehe ich ihr lebendiges Gesicht: Es sieht warm, freundlich und fröhlich aus, sie ist unheimlich nett, und wir «unterhalten» uns prächtig. Ich bin so glücklich mit ihr, wir sind eins, im Kontakt, geben uns gegenseitig Kraft. Mir fehlt es an nichts, die Zeit und unser Glück sind endlos. Wir schwimmen im Wasser und freuen uns.

Der Schmerz, als ich wieder in das Bild ihres Todes rutsche, ist gewaltig. Er schneidet mir ins Herz, er kommt aus der Tiefe wie ein Urschmerz. Ich bin unendlich traurig, daß sie weg ist, ich ohne sie bin. Ich spüre, daß ich es an diesem Punkt verlernt habe, richtig zu trauern. Die blanke, brennende Traurigkeit steigt in mir hoch.

Danach fühle ich mich befreit, der Bauchraum fühlt sich sehr «bereinigt» an, von altem Ballast befreit.

Nach diesem Erlebnis der Befreiung und Befriedung traten auch die körperlichen Verspannungen und Spasmen, unter denen Britta so lange gelitten hatte, nicht mehr auf.

Auch der nachfolgend berichtete Traum der 44jährigen Sylvia signalisiert systemische Verstrickung im Mutterleib, verbunden mit dem Verdacht auf einen mumifizierten Zwilling:

Abb. 3 Dieses «Gespenst» sah die Klientin Britta bei einer Rückführung. Als sie genauer hinzuschauen wagte, erwies es sich als toter Fötus.

Ich wandere. Dabei komme ich auch zu einem afrikanischen Dorf. Es ist berühmt für seine Lederleichen; nur ungern gehe ich dort hinein, aber ich muß. Um es zu betreten, muß ich links abbiegen. Das Dorf ist wie ein Friedhof von einer Mauer mit Büschen umgeben. Ich gehe den Weg entlang, links und rechts sind Gräber. Auf jedem Grab sitzt oder liegt eine Art Mumie. Diese Mumien sind halb tot, halb gerade noch lebendig. Ledrig ausgetrocknet sind sie …

Meine Arbeitshypothese, daß dieses Traumsignal auf einen mumifizierten Zwilling im Mutterleib deuten könnte, bewahrheitet sich bei Sylvias erster Rückführung:

> In der großen Höhle des Mutterleibs schwebend, erahne ich zu meiner Linken etwas Dunkles. Ich will es nicht wahrhaben, nicht hinschauen, aber ich muß. Neben meinem linken Bein ist ein verschrumpeltes Wesen, ein Bruder. Lange war er schon da, lange hatte er auf mich gewartet. Er steckt noch in diesem grauenvollen, ledrigen dunkelbraunen Körper und kann nicht sterben. Sein Körper ist gerade noch so lang wie mein Bein, ein kleiner Leib mit dürren Ärmchen und Beinchen und einem großen Kopf. Dieser Kopf! Ein uralter Schrumpfschädel mit riesigen Augenhöhlen und halb weggefaulter Nase. Mit Augen voll unfaßbarem Leid; und aus diesen uralten Augen blickt auch ein unschuldiges, ungeborenes Kind.
>
> Das Kind fleht mit erhobenen Händen um Anerkennung seines Leids. Es fleht darum, beklagt zu werden; es will, daß seine Klage endlich ins Universum geschickt werde, vor Zeugen, laut und vernehmlich. Es will sterben können und beklagt werden. Ich nehme den Bruder so, daß er auf meinem Bauch liegt, halte und wiege ihn wie eine Mutter ihr Neugeborenes.
>
> Er stirbt.
>
> Ein Klagen bricht aus unendlichen Tiefen aus mir heraus, laut und vernehmlich, vor einem Zeugen. Ich lege den leblosen Körper des Bruders zur Seite, knie nieder und gebe mich dem Klagen hin. (…)
>
> Ich spüre: Dies ist nicht *meine* Trauer, kein persönlicher Trennungsschmerz – ich klage *für* jemanden, ich erweise

einer anderen Seele einen Liebesdienst; es ist, als wäre diese Seele jetzt erlöst worden.

Sieben Tage trauert Sylvia um den Bruder. «Ich nehme Kontakt mit ihm auf, und aus der Trauer entsteht Frieden.» Bei einer zweiten Rückführung empfindet sie den Mutterleib als «wunderbaren Mutterkosmos», in dem sie «voller Wonne schwebt». Das Grauen vor dem mumifizierten Bruder ist verschwunden; geblieben sind «Innigkeit, Trauer und Frieden»:

> Die große Liebe ist wieder spürbar – Liebe zu meinen Eltern, meinem jüngeren Bruder, meinen verstorbenen Geschwistern, meinen Söhnen, meinem Partner. Mein Herzbereich ist ganz weich, ganz groß und offen. Die Bilder haben sich zum Guten gewandelt.

Abb. 4 Der Mutterleib als «wundervoller Mutterkosmos»

Abb. 5 Das «ozeanische Gefühl»: Umarmung im Mutterleib

Abb. 6 «Ozeanischer Tanz» von Zwillingen im Mutterleib

Ozeanische Ekstase

Die emotionale Nähe der Zwillinge im Mutterleib ist von unterschiedlicher Qualität. Meist herrscht jedoch das «ozeanische Gefühl» von Einssein und Seligkeit vor: Sie schwimmen oder schweben im Fruchtwasser, tanzen Hand in Hand und Fuß an Fuß. Solche Schwebezustände im Mutterleib können ekstatische Gefühle und höchste erotische Lust vermitteln. Die Zwillinge liegen sich in den Armen und erzählen sich von Vergangenheit und Zukunft. Dabei belehrt der Zwilling, der bald gehen wird, sein Geschwister über das ihm bevorstehende Leben und gibt ihm gute Ratschläge.

Wenn in Rückführungen der Klienten Umarmungen geschildert werden, dürfen wir das allerdings nicht ganz wörtlich nehmen: Solche «Umarmungen» sind in der Regel eher ange-

Abb. 7 Im Mutterleib schweben die Zwillinge wie Astronauten im Kosmos.

deutet oder symbolisch zu verstehen. In der siebten Woche etwa ist der Embryo 17,5 Millimeter groß, mißt also weniger als zwei Zentimeter; im dritten Monat etwa sechs Zentimeter. Andererseits wiegt er nach sechs bis sieben Wochen drei Millionen mal mehr als der Keim in der ersten Woche. «Er hat alle Organe entwickelt, die man beim Erwachsenen benennen kann»: Herz, Leber, Darm, Nervensystem, Skelett usw.[43]

Schuld und Verrat

Da negative Erlebnisse im Mutterbauch die frühesten und folglich auch die schwerwiegendsten Traumata sind, kann durch ihre Auflösung auch vieles Spätere mit bereinigt werden. In der embryonalen Situation entstehen die Muster und Modelle für Wiederholungen, die wir in Kindheit, Jugend und dem weiteren Lebensverlauf erleben. Suchen wir das Urerlebnis im Mutterleib auf, so zerfällt auch das nachahmende Modell, und wir werden vom Wiederholungszwang befreit.

Auch hierzu ein Beispiel: eine Klientin namens Maria (38), die keinen Partner fand.

> Als die Partnerin ihres Bruders schwanger wurde, weinte Maria tagelang. Sie hatte Angst, nicht mehr dazuzugehören; selbst fremde schwangere Frauen, die ihr begegneten, versetzten sie in depressive Stimmung: «Ich will nicht mehr leben. Ich finde keinen Mann! Und für Kinder bin ich bald zu alt!»
>
> Bei der ersten Rückführung in den Mutterleib sieht sie nur undeutlich eine mögliche Schwester. Also tauchen wir nochmals in die Vergangenheit vor ihrer Geburt ein. Jetzt erkennt Maria, was sich in ihrer Umgebung befindet: «Ich

> sehe deutlich meine Schwester. Plötzlich wird sie weggesogen!» Maria erstarrt vor Schock und fühlt sich ohnmächtig, außerstande, Hilfe zu leisten. «Ich will nicht leben!» ruft sie. «Nimm mich mit!» Sie beginnt zu toben und schreit hinter ihrer Schwester her: «Warum nimmst du mich nicht mit? Du blöde Kuh, nimm mich mit! Ich will nicht bleiben!»

Leid und Schuld, Wut und Verzweiflung zeigen das ganze Drama dieses Abschieds. Maria fühlt sich von ihrer Schwester verraten; doch dahinter empfindet sie Schuld – die Kains-Schuld der Überlebenden. Auch wenn sie sich zunächst von ihrer Schwester im Stich gelassen fühlt, setzt sich doch der Kain-Komplex durch und veranlaßt sie, mit einem nicht erfüllten Leben zu sühnen. Nach dem Ritual der Verabschiedung und Befriedung aber kehren Ruhe und Erleichterung ein.

Kain-Komplex und Partnerprobleme

Häufig ist das Schuldgefühl des Überlebenden mit anderen Gefühlen verquickt: mit Wut, Ohnmacht oder Panik, mit Lust oder Eifersucht. So spürte eine Klientin, die wegen starker Probleme bei der Intimität mit dem Partner den Therapeuten aufsuchte, eine «verbrennende Lust», verbunden mit starken Schuldgefühlen. Ohnmächtig, ausgeliefert, gefesselt fühlte sie sich und zugleich geschüttelt von erregender Lust. Auch in diesem Fall fand sich ein Bruder im Mutterleib, mit dem sie die ozeanische Ekstase erlebt hatte – und im Moment danach seinen Tod mit erschütterndem Abschied.

Die ozeanische Ekstase kann im Mutterleib so tief erfahren werden, daß der Überlebende deshalb später jede festere Bindung vermeidet. «Das war damals so wunderschön», denkt er oder sie bei sich, «das kannst du (die Partnerin oder der Partner) mir niemals geben.»

Ebenso kann die Nähe von Ekstase und Todeserlebnis im Mutterleib dazu führen, daß Menschen, die mit dem Kain-Komplex belastet sind, aus Todesangst vor einer festeren Beziehung zurückschrecken: «Ich will in dieser Beziehung nicht sterben – also gehe ich!» Oder: «Wenn ich ihn heirate, stirbt er!» Oder, wie eine weitere Klientin sagte: «Wenn ich ihn heirate, geht einer von uns beiden drauf.»

Solche Sätze weisen untrüglich auf das Modell im Mutterleib hin: tiefe Verbindung mit anschließendem Verlust durch Tod des Geschwisters. Wobei dieses Urmodell auch die gegenteilige Reaktion hervorrufen kann: Selbst wenn eine Ehe längst beendet ist, bleiben manche am Partner kleben, wie gelähmt von Verlustangst und Schuldgefühl.

Auch im folgenden Beispiel ist der Schuldkomplex mit tiefer Verzweiflung und panikartigen Verlustängsten gekoppelt:

> Die Klientin Lore (50) hatte in ihrem Leben immer wieder Situationen erlebt, in denen gute Beziehungen abrupt zerbrachen: Mit zwölf Jahren «verlor» sie ihren Bruder, der an einer Psychose erkrankte, wodurch ihre enge Beziehung beendet war; später beging ihr Verlobter überraschend Selbstmord – in diesen beiden Situationen war sie das Opfer, das in fassungslose Verzweiflung stürzte. Bei den folgenden Erlebnissen aber wird Lore zur Täterin: Ihre nächsten beiden Beziehungen beendet sie selbst abrupt.
>
> In allen ihren Beziehungen spielt eine dritte – jedesmal eine weibliche – Person eine wichtige Rolle: Ihr Verlobter war eng an seine Mutter gebunden; die zweite Beziehung

endete wegen einer Konkurrentin; bei der dritten hatte ihr Partner eine enge Bindung an seine Schwester – so wie sie einst eng mit ihrem Bruder verbunden gewesen war.

Lores Handlungsweise wies deutlich irreale Züge auf, unverkennbar vor allem dort, wo sie selbst ihre Beziehungen beendete: Getrieben vom Kain-Komplex, verbot sie sich selbst das Glück an der Seite eines Partners. Offenbar handelte sie in Wiederholung eines Urerlebnisses, das ihr zum Lebensmodell geworden war. Die symptomatischen Gefühle: panikartige Verlustangst und fassungslose Verzweiflung, verquickt mit Schuldgefühlen. Klarheit brachte eine Rückführung in den Mutterleib: Dort verlor Lore zuerst eine Schwester, der dann der Bruder nachfolgte. Durch Anerkennung und Befriedung konnte auch hier das Lebensmodell geändert werden, das der Klientin bis dahin wegen angeblicher Kains-Schuld Glück und Beziehung verbot.

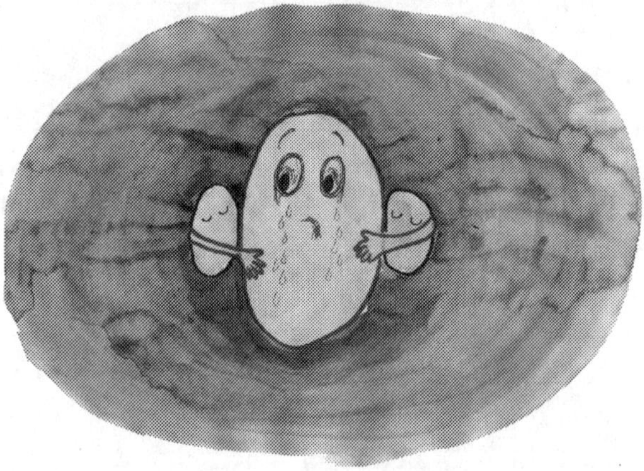

Abb. 8 Darstellung der Kains-Schuld durch eine Klientin: «Ich wachse, meine beiden Zwillingsgeschwister nicht. Ich habe versagt – bin schuld daran!»

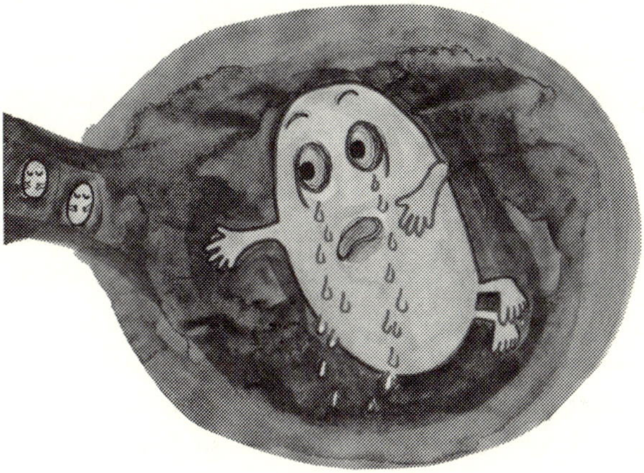

Abb. 9 «Tiefster Schmerz, entsetzliche Vorwürfe. Sie schweben davon – ich kann sie nicht halten!»

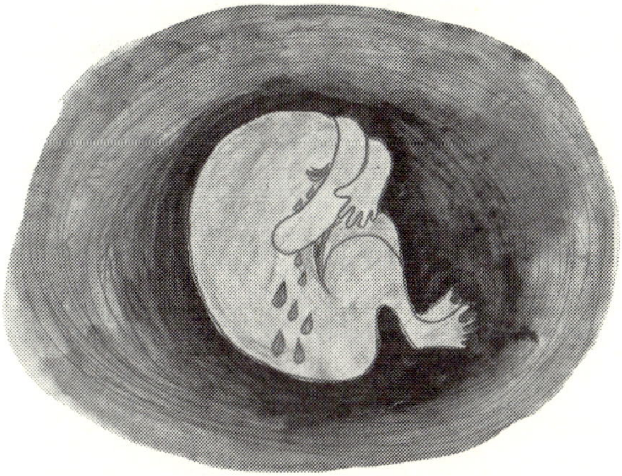

Abb. 10 Nach dem Tod der Geschwister im Mutterleib: «Tiefste Verzweiflung, Einsamkeit, keine Lust mehr zu leben.»

In die Ecke gedrängt

Wenn ich mit neuen Klienten zur ersten Einzelsitzung zusammentreffe, achte ich immer darauf, wo genau in meinem großen Arbeitsraum er oder sie mich erwartet. Zwei kleine Matten mit Kissen liegen als Sitzgelegenheiten bereit, wobei die Position im Raum einigermaßen deutlich macht, welche Matte für mich bestimmt ist. Dennoch ist es schon vorgekommen, daß sich ein Klient auf meinen Platz setzte – wie sich herausstellte, pflegte er stets den falschen, ihm nicht gemäßen Platz zu wählen. Andere Klienten nehmen exakt *neben* ihrer Sitzgelegenheit Platz: So stehen sie auch sonst neben sich und leben das Leben einer anderen Person.

Wieder andere Menschen stehen wie verloren in einer Ecke des Raumes. Schon häufig hat sich meine Arbeitshypothese bewahrheitet: Diese «Eckensteher» sind durch eine Situation vor der Geburt geprägt, bei der sie in einen «Winkel» des Mutterbauchraums zurückgedrängt wurden. Meist entstanden solche Situationen durch den Tod eines Zwillings.

Mit einer paradoxen Doppelbewegung distanzieren sich die Überlebenden vom sterbenden Zwilling – weichen also vor ihm oder ihr in die «Ecke» zurück – und identifizieren sich zugleich mit dem Geschwister, indem sie für seinen Tod büßen. Diese für den Kain-Komplex charakteristische Identifikation geht so weit, daß die Überlebenden das ganze System – die vorgeburtliche Situation – übernehmen und unbewußt wiederholen.

Auch hierzu ein Beispiel aus der Praxis:

Eine etwa 50jährige Frau stand während der ersten Einzelsitzung in einer hinteren Ecke des Raumes. Sie war gekommen, weil sie in der Gruppe *Provokation*[44] ihr Leben im Mutterbauch wieder erlebt hatte und viel Leid mit dieser Zeit verknüpft schien. Von ihrer Mutter wußte sie, daß diese im achten Monat eine «Frühgeburt», also einen Abgang hatte. Dieser Junge, der tot zur Welt kam, war der Zwillingsbruder der Klientin. Bei einer Rückführung, in der sie diese Situation nochmals anschauen wollte, kam folgendes zutage:

Im dritten Schwangerschaftsmonat stürzt die Mutter, ein Ereignis, das bei dem Zwillingsbruder einen seelischen Schock auslöst. Hierdurch wird sein Lebenswille erschüttert; zwei Monate schwankt er, ob er weiterleben will oder nicht; im fünften Monat stirbt er. «Ich ziehe mich in die letzte Ecke der Gebärmutter zurück», so die Klientin, «um dem Gift, das der Tote abgibt, zu entgehen.» Daraus wurde ihr Muster, sich in Räumen stets in die «letzte Ecke» zu begeben.

Wie sich jedoch im weiteren Verlauf der Therapie zeigte, hatte die Klientin diese Schwangerschaftssituation in einem noch sehr viel umfassenderen Sinn für ihr eigenes Leben übernommen. Im dritten Monat war der Lebenswille des Zwillingsbruders erschüttert worden; im fünften war er gestorben, im achten Monat tot «geboren worden» – sogar dieses *zeitliche* Muster hatte die Klientin auf ihre Beziehungen übertragen.

Sie war zweimal verheiratet gewesen und hatte eine dritte langjährige Beziehung gehabt. Alle drei Partnerschaften entwickelten sich bzw. zerfielen nach dem gleichen Muster: Im dritten Jahr wurde die Partnerschaft erschüttert; im fünften Jahr war die Beziehung tot; im achten Jahr verließ die Frau ihren Partner. Dieses System entsprach genau dem Muster dessen, was – in Monats- statt in Jahreseinheiten – im Mutterleib geschehen war. Eine Erkenntnis, welche die Klientin verständlicherweise tief bewegte: Jenes Erlebnis im Mutterbauch hatte ihr ganzes Leben geprägt. Nun aber hatte sie den Schlüssel zu einer dauerhaften Beziehung in Händen.

Auflösung des Kain-Komplexes

Wenn auf dem Überlebenden Kains-Schuld lastet, wirkt diese geglaubte Schuld am Tod eines Geschwisters so lähmend und niederdrückend wie echte Schuld. Wenn wir jedoch handeln und im dissoziierten Betrachten erkennen, was damals im Mutterleib geschehen ist, wird der Kain-Komplex – mittels eines Rituals – aufgelöst und der Überlebende von seiner Sühne entbunden. Nun endlich ist er frei wie Kain in der Version der Brudermord-Geschichte, die ich eingangs dieses Buches erzählt habe: frei und bereit, die Fülle des Lebens zu nehmen. Was er sich vorher verboten hatte, ist ihm nun erlaubt und möglich: seinen Erfolg im Beruf zu genießen und eine befriedigende und glückliche Partnerschaft zu führen.

In vielen Fällen sind allerdings mehrere Rückführungen in den Mutterleib erforderlich; so auch bei der Klientin Marlies (33), die sich unter anderem wegen Partnerproblemen in Therapie begab.

Marlies berichtet:

Zwei Tage nach der Rückführung, bei der ich zum ersten Mal meine Schwester entdeckte, ereignete sich folgendes: Ich war in der Frühe zur Meditation gegangen. Dort sah ich plötzlich die schwarze Madonna aus der Theatinerkirche vor mir. Das Bild vermischte sich immer wieder mit dem Bild des schwarzen Totenschädels meiner Schwester aus dem

Mutterleib. Da ich schon seit einigen Tagen in die Theatinerkirche gehen wollte, nahm ich es zum Anlaß, das gleich anschließend zu tun. Ich kniete vor der Madonna nieder und begann zu beten. Auch hier passierte es immer wieder, daß ich die Madonna ansah und sich gleichzeitig das Bild aus dem Mutterleib davorschob. Als ich nun so ganz versunken war, spürte ich plötzlich eine innere Unruhe, ja Panik in mir aufsteigen. (...) Nach einiger Zeit verließ ich die Kirche mit der Gewißheit, daß dieses mich sehr bewegende Erlebnis kein Zufall war.

Als wir zum zweiten Mal in den Mutterleib zurückgehen, erlebe ich mit mehr Bewußtheit, was passiert. Ich leide besonders darunter, daß meine Schwester vor meinen Augen stirbt und ich ihr nicht helfen kann. Ich versuche zwar fieberhaft, sie zu befreien, doch vergeblich. Dieses Mal kann ich Trauer spüren, wenn auch noch nicht in voller Intensität. Ich beerdige sie, indem ich sie «abnehme» von der Nabelschnur und sie segne. Ich bin traurig, allein zu sein. Ich spreche die Lösungssätze: «Auch wenn du gehst, ich bleibe und lebe die mir geschenkte Zeit bis zum Ende, dann komm' ich auch. Du gehst auf deinen Stern und ich auf meinen. Und ich zeige dir immer wieder die Schönheiten dieser Welt, nehme dich in meine Aktivitäten mit hinein.»

Am Morgen nach der zweiten Rückführung bekomme ich meine Periode, und beim erneuten Sprechen der Lösungssätze kommt Trauer, und ich kann weinen.

Panik – Trauer – Befriedung

Panik, Grauen und Ekel, welche die Klienten bei der ersten Konfrontation mit dem verstorbenen Geschwister häufig empfinden, weichen bei der zweiten Begegnung der Trauer. Aber nicht selten treten erst mit einer dritten Rückführung Befriedung und Befreiung ein. Auch hierzu ein charakteristisches Fallbeispiel: Eva (41), deren Problem darin bestand, daß sie sich auf dieser Welt verloren und nutzlos fühlte, wie vor einer Tür stehend, die sie zu öffnen versuchte.

> In ihrem Leben hatte Eva schon viele Todesbegegnungen. Ihr Mann starb bei einem Autounfall, ebenso ihr nächster Partner und ihre Freundin. Sie fühlt sich «gefangen». Häufig wird sie von Gefühlen tiefer Trauer überschwemmt.
>
> Einmal träumt sie: Ihr toter Freund führt sie ins Geisterreich; dort werden beide von einer Art gläsernem Gral umschlossen. Eva fühlt sich gefangen und tief unglücklich.

Meine Arbeitshypothese: Hinter dem toten Freund steht ein Bruder in Mutterleib. Der alte Sog der embryonalen Situation wirkt immer weiter, verstärkt durch die vielen weiteren Erlebnisse von Verlust durch frühen Tod. Das Urbild solcher Nahtod- oder Verlusterfahrungen sind sehr häufig schlimme Erfahrungen mit verstorbenen Geschwistern im Mutterleib. So wird der Tod zum Lebensthema und der Kain-Komplex zum scheinbar unentrinnbaren Schicksal.

> Evas erste Rückführung: Sie bekommt Magen- und Darmkrämpfe; schwerste Würgeanfälle beim Anblick ihres sterbenden Bruders. Der Mutterleib gefriert zu Eis; Frucht-

wasser strömt in sie ein. Sie hustet, erbricht sich. «Dieses Gefühl kenne ich», sagte sie. «Es kommt bei Abschieden vor.»

Und dann sagt sie die folgenden Sätze:

«Ich kann nichts tun, weil niemand mehr neben mir ist.»

«Ich bin so einsam.»

«Ich kann ohne ihn nicht leben.»

«Was soll ich hier[45]?»

«Ich muß etwas gutmachen.»

Auch Eva erlebte bei der zweiten Rückführung Trauer, worauf bei der dritten Anerkennung und Befriedung folgten. Einer meiner Klienten formulierte es so: «Leben und Tod sind eins. Heute bleibe ich auf dieser Welt, und du gehst, morgen gehe ich dorthin, und du bleibst noch eine Weile. Wir spielen alle unsere Rollen!»

Wer am Grab stehenbleibt, blickt in sein eigenes Gruselkabinett. Die Hinbewegung zum Lebendigen leitet jedoch die Wende ein, sobald genug getrauert worden ist.

Wird solche Aufarbeitung allerdings versäumt, kann ein Kain-Syndrom entstehen: Die Schuldbereitschaft steigert sich ins Neurotische; man fühlt sich an vielem, manchmal gar an allem schuldig, was um einen herum an Schlimmem geschieht, an diesem Unfall ebenso wie an jener Katastrophe, an Verwicklungen und Widrigkeiten aller Art im Kreis der Verwandten und Freunde. Erkrankt ein ehemaliger Freund an Krebs, wird man von Panik überfallen und glaubt, um jeden Preis helfen zu müssen, da der Betreffende angeblich völlig hilflos ist. Von solchen irrealen Vorstellungen und einem fast unerträglichen Schuldgefühl angetrieben, dringt der vom Kain-Syndrom Befallene rücksichtslos in die Familie des Kranken ein und zwingt diesem förmlich seine Hilfe auf. Nicht selten wird das eigene Leben gar einem Sterbenden geweiht, da man glaubt, auf diese Weise vermeintliche Kains-Schuld abbüßen zu können.[46]

Indessen können solche Menschen, wie wir sahen, oft sehr schnell erlöst und befreit werden, wenn sie in der Therapie nochmals die schwere Mutterleibssituation anschauen und ihre Trauer entlassen.

Rituelle Lösung

Zur Auflösung des Kain-Komplexes wird auch ein kleines Ritual beitragen, bei dem man spricht:

«Mein lieber Bruder (meine liebe Schwester), niemandem wird geholfen durch die Schuld, die ich mir anmaße. Also lasse ich sie los und verneige mich vor deinem Leben und deinem Schicksal. Dein Tod soll nicht umsonst gewesen sein. Ich nehme daraus die Kraft, mein Leben jetzt verantwortlich in meine Hände zu nehmen. Darüber freust du dich, und ich bin von der Nachahmung deines schlimmen Schicksals befreit. Das Unglück soll mit dir ein Ende haben.»

Begleiter für ängstliche Seelen?

Zuweilen befinden sich zu Beginn einer Schwangerschaft nicht ein oder zwei, sondern vier oder fünf Föten im Mutterleib. Wie mir berichtet wurde, töten manche Ärzte zwei oder drei dieser Embryos, indem sie ihnen durch die Bauchdecke der Mutter ins Herz spritzen. Gründe hierfür können sein: die Mutter vor den Gefahren einer Fünflingsgeburt zu bewahren oder zumindest die Gesundheit der überlebenden Kinder zu sichern. Auch wenn ich mir nicht anmaße, über ein solches Vorgehen zu urteilen, bleibt doch festzuhalten, daß die Überlebenden durch Schock und schwerste Schuldgefühle für ihr Leben geprägt sein werden.

In einigen Rückführungen sind wir auf vier, fünf oder mehr Geschwister gestoßen, die zu unterschiedlichen Zeiten abgestorben waren – manche in den ersten Tagen, andere in der zweiten, dritten oder vierten Woche, wieder andere im zweiten Monat oder später. Auch Mißbildungen aller Art können hierbei auftreten: siamesische Zwillinge, ein Leib mit zwei Köpfen und so fort.

Abb. 12 Nach einer Rückführung malte eine Klientin den Anfang ihrer Situation im Mutterleib: Ihre Schwester bringt sie als Begleiterin in den Mutterbauch und zieht sich dann zurück. Die Folge für die Klientin im späteren Leben: «Ich habe immer darauf gewartet, daß mich jemand abholt» – eine Erwartung, die sich zum neurotischen Lebensmuster des Nichthandelns verselbständigte.

Abhängig von unseren religiösen Einstellungen, von wissenschaftlichen oder kulturellen Konzepten, können wir die unterschiedlichsten Theorien – medizinische, esoterische etc. – über den Geschwistertod im Mutterleib entwickeln oder übernehmen. Nach meiner Ansicht mögen so kurze Inkarnationen für einige Seelen Bestimmung und Schicksal sein.

In manchen Rückführungen kommt überdies zutage, daß es der betreffenden Seele am nötigen Mut mangelte, in die ihr bestimmte menschliche Inkarnation einzugehen. In solchen Fällen können andere Seelen helfen, indem sie die ängstliche Seele in den Mutterleib begleiten – und wieder davonziehen, wenn sich die zage Seele in ihrer Verkörperung endlich geborgen fühlt.

Mord im Mutterleib

Hier nun ein Fallbeispiel, das von einem besonders tragischen Vorfall im Mutterleib handelt, der die Klientin mit massiven Schuldgefühlen im Sinne des Kain-Komplexes belastete:

Eine 46jährige Frau, Künstlerin von Beruf, lebte getrennt von ihrem Mann, von dem sie sich noch während der Therapie scheiden ließ. Träume, Rückführungen und vor allem Intensivatmungen sowie viel Herausmalen, Übungen und Gespräche förderten Stein um Stein zutage, die sich zu folgendem Mosaik fügten:

- Ihr Kindheitsmärchen, das sie am meisten beeindruckt hatte, war *Sterntaler* – die Geschichte vom verlassenen Mädchen ohne Zuhause.[47]
- Mehrmals hatte die Mutter versucht, die Schwangerschaft

abzubrechen – einmal mit einer Stricknadel, ein anderes Mal mit einem Sitzbad. Der mögliche Grund: Ihr Ehemann, der Vater der Klientin, hatte ein Dreivierteljahr vor der Zeugung der Klientin mit einer anderen Frau ein anderes Mädchen gezeugt. Darüber war die Mutter so wütend, daß sie sich durch den versuchten Schwangerschaftsbruch an ihrem Mann rächen oder sich von ihm und ihrer gemeinsamen Frucht befreien wollte.

Bei einer Rückführung in die ersten Wochen im Mutterbauch fühlt die Klientin, daß sie nicht allein ist: Auch hier gibt es einen Zwillingsbruder. Mit großer Freude und Dankbarkeit erfährt sie diese Zweisamkeit, die jedoch abrupt gestört wird: Die Klientin erlebt, wie ihr Bruder beim mütterlichen Abtreibungsversuch von der Stricknadel durchbohrt wird. Daher wohl auch die oftmalige Angst und Unruhe in ihrem späteren Leben («Hoffentlich erwischt es mich nicht auch!») und ihr permanentes Schuldgefühl als Überlebende und Augenzeugin dieses Mordes.

Als wir ihre schon im ersten halben Jahr der Therapie gemalten Bilder nochmals sichteten, stellten wir fest, daß sie öfter zwei Embryos oder Kinder im Mutterbauch gemalt hatte – das eine hell, das andere dunkel, verletzt oder tot. Während ich diese Motive zunächst so gedeutet hatte, daß sie sich selbst in guten und in schlimmen Phasen ihres Lebens im Mutterbauch gemalt habe, hielt ich es nun für wahrscheinlicher, daß die Bilder von der tatsächlichen Situation im Mutterbauch handelten: Sie selbst war das helle – also das lebende – Kind; das dunkle aber war ihr toter Bruder.

- Sechs Stunden vor ihrer Geburt starb der Vater der Klientin. Als sie zur Welt kam, konnte sie den Vater nicht finden und wurde ein «böses» Kind – wie alle Kinder, die (warum auch immer) nicht zum Vater können und ihre Trauer nicht zu ertragen vermögen. Diese Trauer um den unerreichbaren Vater wurde im vorliegenden Fall durch verdammende Worte der Mutter noch verstärkt: «Es ist nur gut, daß dein Vater tot ist!» Die Mutter verketzterte ihn also wegen des außerehelichen Kindes; mit der Zeit aber bekam die Tochter – die Klientin – Schuldgefühle und fragte sich immer wieder: «Was habe ich getan, daß mein Vater mich nicht sehen wollte?»

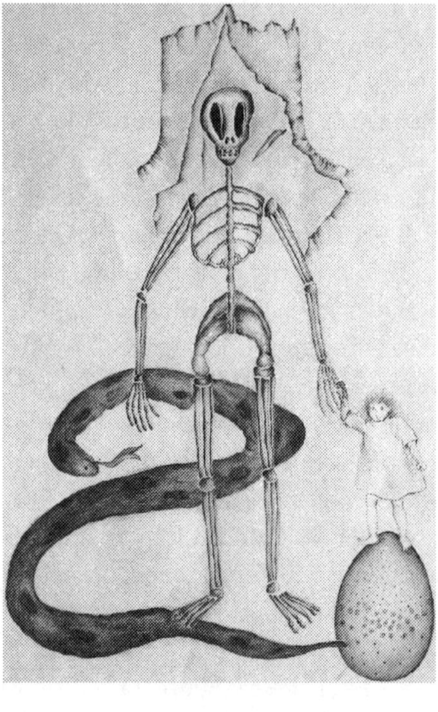

Abb. 13 Bild einer Klientin zum Thema «Tod im Mutterleib»

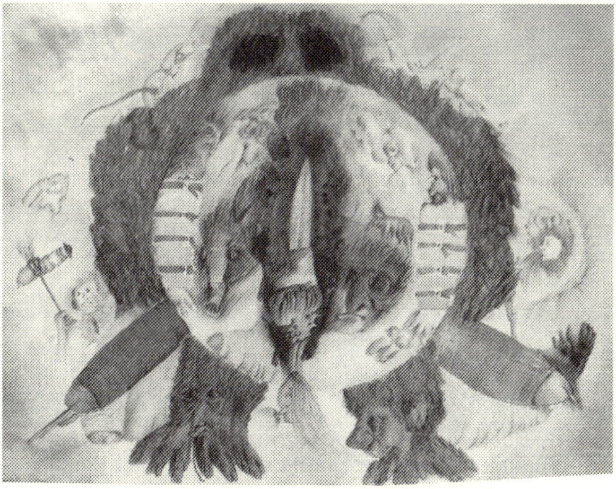

Abb. 14 Abtreibungsversuch mit einer spitzen Nadel

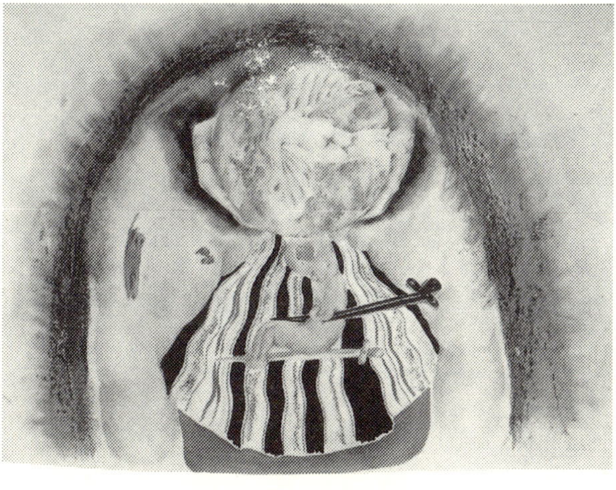

Abb. 15 Die Nadel trifft …

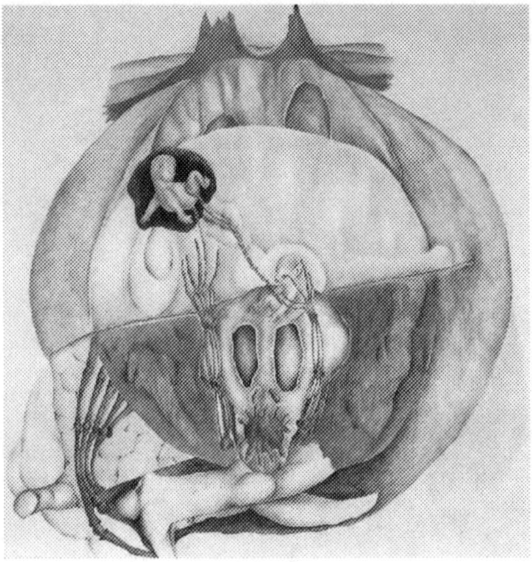

Abb. 16 … und einer der Zwillinge stirbt.

Abb. 17 Nach Rückführung und Abschiedsritual tritt Befriedung ein.

Bedingt durch den tragischen Verlauf der Schwangerschaft und der frühen Kindheit, sind der innere Widerstreit zwischen Tod und Leben, Sexualität und Schuld die Hauptthemen dieser Klientin. Ihre phantastischen Bilder, die sie mit künstlerischem Geschick malt, sind von den Themen Sexualität und Tod beherrscht. Immer wieder zeichnet sie orgiastische Szenen, in denen der Tod als Sensenmann, «Beindlkramer» oder maskierter Galan auftritt.

Bei einem Wochenendseminar mit dem Thema *Der Schritt über die Schwelle* gelingt der Durchbruch: Sie räumt auf, schichtet die Gebeine auf einen Haufen, reinigt den Raum vom Leichengeruch und verabschiedet den Tod.

Eine Bemerkung zum therapeutischen Alltag

Das Phänomen des «Vanishing Twin» scheint in Einzelpraxen und Kliniken noch wenig bekannt zu sein. In dieser skeptischen Vermutung wurde ich auch durch folgenden Vorfall bestärkt, der sich unlängst ereignete:

Eine depressive Patientin (33), die während der Therapie zu einer gewissen Stabilität gefunden hatte, geriet nach dem Auszug aus dem Elternhaus in eine so tiefdepressive Phase, daß ich einem Aufenthalt in einer psychosomatischen Klinik nachdrücklich zustimmte. Bei einer Rückführung hatte sie im Mutterleib einen Zwillingsbruder vorgefunden und diesen in einer ersten Trauer verabschiedet; doch offenbar waren Abschied und Trauer erst ein Teil der endgültigen Lösung.

Wie so viele Überlebende von Zwillingsschwangerschaften verspürte auch diese Klientin Todessehnsucht mit latenter Suizidalität, also Neigung zum Selbstmord. Das erkannten auch die Ärzte der Klinik, die den Aussagen der Klientin überdies entnahmen, daß sie sich im Mutterleib einem Zwillingsbruder sehr eng verbunden gefühlt hatte. Leere, Alleinsein und nicht genügend gelebte Trauer bei gleichzeitiger tiefer Liebe zu ihrem Zwillingsbruder hatten sie in die Depression geführt, denn wegen seines Todes verbot sie auch sich selbst, ein zufriedenstellendes Leben zu führen.

Diese in der Klinik gewonnenen Ergebnisse stimmten mit den Erfahrungen überein, die ich bei der Therapie der Klientin gemacht hatte. Jedoch erstaunte es mich, daß die Ärzte annahmen, der Zwilling im Mutterleib sei erst während der letzten Schwangerschaftsmonate abgegangen – eine Vermutung, die nach Aussage der Mutter der Klientin nicht zutraf.

Die Therapeuten in der Klinik wußten demnach nicht, daß im ersten oder zweiten Trimenon gestorbene Zwillinge ihr Grab *im* Mutterleib finden. Immerhin waren sie flexibel genug, mit dem Trauma des verstorbenen Zwillingsbruders zu arbeiten, ohne die wirklichen Zusammenhänge zu durchschauen.

Für meine therapeutische Praxis zog ich hieraus die Lehre, daß manchmal auch der Kain-Komplex erst durch wiederholtes Hinschauen, also durch mehrere Durchgänge, aufgelöst werden kann.

Fazit

- Das Versterben eines Zwillings ist für den Überlebenden ein prägendes, zutiefst schmerzliches Todeserlebnis.
- Der Überlebende wird durch den Kain-Komplex belastet: Er entwickelt eine oftmals irreal übersteigerte Schuldbereitschaft und empfindet niederdrückende Schuldgefühle.

- Wenn die vergessenen Geschwister aus dem Mutterleib nicht entdeckt und verabschiedet werden, kann dies erhebliche Folgen für das weitere Leben eines Menschen haben: Das Kain-Syndrom kann dazu führen, daß sich der Betroffene an jedem schlimmen Vorfall, jeder Widrigkeit in seiner näheren und fernen Umgebung schuldig fühlt.
- Durch nochmaliges Betrachten der systemischen Verstrikkung im Mutterleib kann der Kain-Komplex aufgelöst werden: Die Klienten sind oft sehr schnell befreit und endlich imstande, ihr Leben ohne die niederdrückende Bürde geglaubter Schuld zu leben.
- Die richtige Haltung ist es, sich tief vor unseren ungeborenen Geschwistern zu verneigen.

Übungen: Im Bauch der kosmischen Mutter und Abschiedsritual

1. Im Bauch der kosmischen Mutter

Setzen Sie sich aufrecht hin, atmen Sie tief und langsam und stellen sich vor, Sie seien ein Astronaut, der im Weltall schwebt, durch eine Versorgungsschnur mit dem Mutterschiff verbunden.

Nun stellen Sie sich vor, der Kosmos sei der Mutterbauch und Sie schwebten als Embryo an der Nabelschnur im Fruchtwasser. Es ist wunderbar und entspannend, schön und kräftigend, vertrauenerweckend, ja manchmal sogar ein ekstatisches Gefühl. Genießen Sie es eine Weile, und fühlen Sie sich geborgen und aufgehoben.

2. Abschiedsritual

Sprechen Sie die folgenden rituellen Abschiedsworte langsam vor sich hin, und lassen sie auf Ihre Seele wirken:

Adieu,
Die Wege teilen sich:
Ich gehe meinen, du den deinen.
Wir folgen dem Gesetz, nach dem wir angetreten sind,
Du deinem, ich dem meinen.
Doch sollst du nie vergessen sein:
Ich geb' dir einen Platz in meinem Herzen
Und lebe die mir geschenkte Zeit
Bis an ihr Ende.
Dann komme ich auch.
Für dieses Leben
Pflanz' ich meinen Baum
Auf diese Erde,
Du den deinen
Drüben in der anderen Welt.
Du gehst auf deinen Stern,
Ich auf den meinen.
Du sollst einst nicht umsonst gestorben sein.
Verantwortung nehm' ich daraus
Für die mir zugeteilte Lebenszeit.
Jetzt stecke ich ein Licht uns an,
Es leuchtet dir und mir.

3

Zwischen Empfängnis und Geburt

Bei der Zeugung eines Menschen treffen zwei Energien aufeinander: die irdische in Sperma und Eizelle (Bios, Materie, Gene) und die Lebens- oder himmlische Energie (Geist, Bewußtsein). Jede Störung des Flusses dieser lebenserhaltenden Energien, die wir auch als immanente bzw. transzendente Energie bezeichnen können, drückt sich in dreifacher Weise aus: in unserem Körper, unserem Geist und unserem Verhalten.

Der Strom der Energien kann behindert oder gar blockiert werden, indem wir an einer Form, einem Muster festhalten, die ihren Zweck erfüllt haben: Hierdurch bleiben wir in der Zeit fixiert, der Lebensfluß wird gestaut, die stete Verwandlung und Erneuerung also verhindert.

Mongoloider und autistischer Typus

Das Verhalten des werdenden Menschen bei der Konzeption offenbart seine Grundeinstellung zum Leben und seine angeborenen Wesenszüge. Bei der Rückführung zu diesem Zeitpunkt der Empfängnis identifizieren sich manche Klienten mit dem Sperma, manche mit der Eizelle, wieder andere mit beiden. In der Art und Weise, wie Sperma und Ei zusammenkommen, ist das künftige Lebensmuster für die Begegnung der Geschlechter vorgeprägt.

Was wir «normal» nennen, ist nur ein Mittelwert zwischen Extremen. Stellen Sie sich ein Band von einem Meter Länge vor: An dessen rechtem Ende befindet sich das mongoloide Kind (der extrem offene und kommunikative Typus), am linken Ende das autistische Kind (der verschlossene und zögerliche Typ). Auf einem schmalen Mittelstück von etwa 20 Zentimetern befindet sich der «normale» Mensch, doch auch dieser sogenannte Normale ruht in aller Regel nicht auf dem genauen Mittelpunkt, sondern tendiert entweder zum mongoloiden oder zum autistischen Kind. Während der mongoloide Typus in den Mutterleib hineindrängt und bei der Geburt schnell ins Leben hinaus will, fürchtet sich der autistische Typus vor der Inkarnation und verläßt daher bei der Geburt widerstrebend und unter Schwierigkeiten den Uterus.

Die Schwangerschaftsphasen nach Robert Saint John[48]

In seinem Werk *Metamorphose. Die pränatale Therapie* gliedert Saint John die Schwangerschaft in fünf Phasen:

1. Phase: vor der Empfängnis;
2. Phase: die Empfängnis selbst (1.–6. Woche);
3. Phase: nach der Empfängnis (6.–23. Woche) – Entwicklung von Form, Ordnung und Disziplin: Alles ist da und muß nun wachsen; Fehlformen im Geistigen, Körperlichen und im Verhalten können auch hier auftreten, wenn das Kind von außen gestört wird oder selbst dem Lebensfluß trotzt;
4. Phase: Vorgeburt (23.–38. Woche) – Vorbereitung auf das

Ereignis der Geburt; mögliche Fehlhaltungen: Angst vor der Zukunft und Handlungsunfähigkeit;

5. Phase: die Geburt selbst, die wir im folgenden Kapitel behandeln werden.

Hier nun eine typisierte Darstellung wesentlicher vorgeburtlicher Phasen und Geschehnisse, die bei einer Rückführung in den Mutterleib durchlebt werden:

Die Phase der Vorempfängnis

Nach Entspannung und Tiefenatmung wird der Klient bzw. die Klientin bis zu der Zeitspanne vor der Empfängnis zurückgeführt. In dieser Situation vor der Inkarnation fühlen sich die meisten leicht und frei, während andere die Atmosphäre in dieser Phase als dämmrig und grau, beängstigend und verwirrend beschreiben. Die Übereinstimmung mit dem Zwischenzustand des «Bardo», wie er im *Tibetanischen Totenbuch* geschildert wird, scheint mir offensichtlich zu sein.[49]

Alle Energien des Geistes mit Qualitäten und Mustern aus kosmischen Elementen – was wir mitbringen und was für uns in diesem Leben bestimmt ist – sammeln sich in dieser Phase. Fehlhaltungen in dieser Phase (Verharren in alten Gedanken und Mustern) können zu Psychosen führen; auch Hirnhauterkrankungen, Despotismus und Gewalttätigkeit rühren aus der präkonzeptionellen Phase.

Der Zeitpunkt der Empfängnis

Die Umstände der Vereinigung von Vater und Mutter beeinflussen die menschwerdende Seele. Die Empfängnis ist ein Konzentrationspunkt in der Zeit; daher wirkt sie sich stark auf das neue Leben aus. Ob Liebe oder Haß im Spiel ist, ob die Eltern verheiratet sind oder nicht, ob die Mutter beim Geschlechtsakt Angst davor hat, ein Kind zu bekommen, ob eine Vergewaltigung vorliegt, ob in der Außenwelt Erdbeben, Krieg oder sonstige Katastrophen herrschen – all das wirkt sich auf das entstehende Kind aus.

Ebenso entscheidend ist allerdings die Haltung, die das Kind selbst zu diesen Ereignissen und Umständen einnimmt: eine negative oder eine positive und kreative. Die Empfängnis verschmilzt die vorhandenen Anlagen mit der Materie: «Wenn Wahnsinn da ist, wird zu diesem Zeitpunkt das Leben eines Wahnsinnigen festgelegt. Ist Genialität da, dann wird das neue Leben das eines Genies.»[50]

Unbestimmte Ängste des werdenden Menschen deuten auf Belastungen während der Empfängnis hin und wirken sich auch späterhin negativ – beispielsweise auf seine Konzentrationsfähigkeit – aus. Die Umstände der Zeugung beeinflussen den gesamten Organismus.

Generell läßt sich sagen: Die Ursache für große Probleme zwischen Kind und Eltern kann auch darin zu finden sein, daß die Konzeption für die Eltern kein befriedigendes sexuelles Erlebnis war. Solche Kinder können, wie es scheint, später auch keine befriedigende Sexualität leben – es sei denn, sie arbeiten daran.

Hierzu wieder ein Beispiel aus der therapeutischen Praxis:

«Mutter ist passiv, da ist keine Zärtlichkeit zwischen den beiden, auch kein Spaß, keine Leichtigkeit …» So beginnt der Bericht einer 44jährigen Frau anläßlich einer Rückführung zum Beginn ihres Lebens. Sie identifiziert sich mit dem Sperma; dieses will nicht durch die mütterliche Vagina: «Ich will da nicht durch!» Aber der Strom, «den die Natur vorschreibt», schwemmt das zögerliche Sperma mit.

Dieses Sperma, mit dem sich die Frau identifiziert, bewegt sich nun «durch den dunklen Uterus in Richtung rechter Eileiter … Am Eingang des Eileiters schwimmt das Sperma nicht weiter; Verweigerung ist da, sich in diese dunkle Höhle hineinzubegeben.» Voller Trotz und giftig sagt die Klientin: «Da geh' ich nicht hinein! Nein, nein, nein!» Viele Male wiederholt sie dieses Spiel (und will später mit demselben Trotz bei der Geburt nicht hinaus ins Leben und nachher nicht in die Arme der Mutter zum Stillen). Doch wie es die Natur will, bewegt sich ein Ei aus dem rechten Eileiter auf den Eingang zu und saugt die trotzige Samenzelle in sich ein. Drinnen im Ei findet nun eine Art Geschlechterkampf statt. Auf meine Frage, wer gewinne, antwortet sie fast ärgerlich: «Das Ei natürlich!»

Die Wettbewerbssituation der Millionen Spermien, die eine Eizelle erreichen wollen, wird vor allem von Männern bei Rückführungen erlebt. Häufig geraten sie dabei ins Schwitzen, ja in Panik; Erleichterung und Triumphgefühl beim Eindringen in die Eizelle entladen sich nicht selten in Siegesschreien.

Wie sich auch anhand vieler weiterer Beispiele belegen ließe, wiederholt sich das Muster der Konzeption bei der Geburt und bleibt eines der Grundmuster im Leben des betreffenden Menschen.

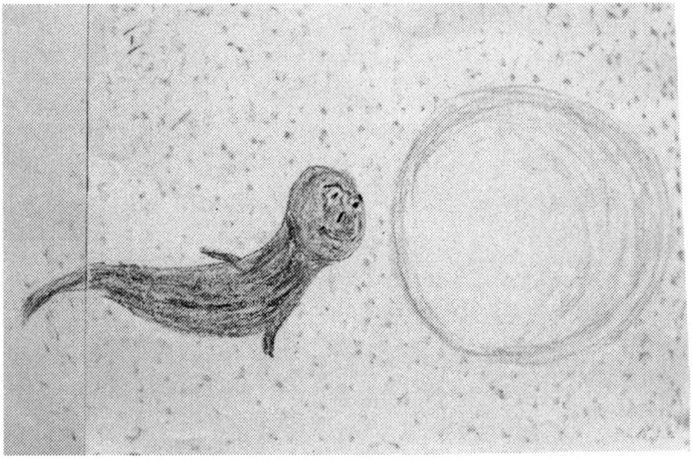

Abb. 34 und 35 Nach einer Rückführung malt eine Klientin die «Attacke» einer Spermie auf das Ei, die hier noch nicht zum Erfolg führt. Tatsächlich haben die Samenzellen an ihrem «Kopfende» ein Zündplättchen, mit dem sie die starke Haut der Eizelle aufsprengen müssen.

Erste Begegnung mit dem Zwilling

Am Beispiel der 44jährigen Klientin läßt sich auch veranschaulichen, welches Erlebnis dem werdenden Menschen in vielen Fällen nun bevorsteht: die Erfahrung, im Mutterleib nicht allein zu sein.

> «Das befruchtete Ei fällt in den Uterus und nistet sich auf der linken Seite ein. Es kommt mir vor wie ein Polyp, der alles in sich einsaugt … Das Ei wächst in seiner Hülle, wird größer; nimmt gegenüber zuerst einen Schatten wahr; der wird immer größer, die Umrisse deutlicher … Ich bin eingeengt in eine Hülle, wage nicht, mich auszuweiten, in den Raum hineinzuwachsen.»

Was ist hier geschehen? Offenbar ist eine zweite Fruchtblase vorhanden, mit einem Zwilling darin.

> «Eines Morgens ist die Blase gegenüber verschwunden. Ein großes Loch ist jetzt dort. Ich bin hilflos, weiß nicht, was geschehen ist.»
>
> Der Zwilling ist gestorben, nach etwa zweieinhalb Schwangerschaftsmonaten.
>
> «Ich werde größer und größer, aber den leeren Platz dort nehme ich nicht ein, wachse vielmehr mit dem Kopf in den Rippenbogen und liege sehr beengt. Unterhalb, am Ausgang des Uterus, liegt die zusammengefallene Hülle des anderen.»

Wie im Mutterleib, so im Leben

Auch wenn wir später oft für lange Zeit vergessen, was wir im Mutterleib erlebt haben: Die dortigen Geschehnisse beeinflussen uns, wie gesagt, zutiefst. Das gilt insbesondere für die Begegnung und das Zusammenleben mit dem Zwilling, der auch das Verhalten der Klientin prägte:

> Nie nimmt sie sich den Raum, den sie braucht. Dann wieder halst sie sich Bürden für ein bißchen Anerkennung auf, die ihr dann doch versagt bleibt. Psychosomatisches Resultat: Sie leidet unter Brust- und Schulterschmerzen.
>
> Als die Klientin zweieinhalb ist, läuft ihre Mutter nach einem Ehestreit im Nachthemd aus dem Haus in den dahinter beginnenden Wald und brüllt: «Ich komme nie mehr zurück!»
>
> Barfuß und schreiend läuft die Tochter hinter ihr her. Zuletzt sitzen beide auf einem Baumstamm. Das Kind hat seine Mutter durch das Versprechen bedingungslosen Gehorsams zurückgeholt: «Ich will brav sein und alles tun!»
>
> Darauf die Mutter: «Wenn du brav bist, komme ich zurück.»

Doch durch solche Unterdrückung, durch den Zwang zum Bravsein entsteht auf der anderen Seite unterschwelliger Trotz («Ich brauche dich nicht! Ich schaffe es allein!»). In diesem Zusammenhang erinnere ich mich an eine elegante Dame Ende 30, aus wohlhabenden Verhältnissen und gutsituiertem Haus (der Vater war ein hochangesehener Universitätsprofessor), die sich bei ihrer Rückführung mit allen Kräften dagegen wehrte, inkarniert zu werden.

Vor der Empfängnis schwebte sie in paradiesischen Gefilden, frei und ungehemmt. Jeder Gedanke vollzog sich unmittelbar, ein erhebendes Gefühl erfüllte sie.

Mit Händen und Füßen wehrte sie sich dagegen, in den Mutterleib einzugehen. Ihre Verzweiflung war zutiefst ergreifend. «Ich will da nicht hinein!» rief sie. «Die [Eltern] machen mich wieder klein, unbewußt und dumm! Alles, was ich erreicht habe, steht auf dem Spiel!» Immer wieder schrie sie diese Sätze heraus, ihre Angst vor dem Verlust ihres jetzigen Wissens und Bewußtseinsstandes. Erst längeres Zureden, daß ihr auch die Kraft mitgegeben werde, ihren Lebensweg zu meistern, vermochte sie endlich zu beruhigen.

Was sie da angesprochen hatte, war auch ihr Auftrag für den Therapeuten: die gute Ablösung von den starken, aber sehr rational und materialistisch eingestellten Eltern, und die Erhaltung ihrer eigenen authentischen Kreativität.

Phasen des guten Mutterbauches

Während der neunmonatigen Schwangerschaft müssen die Kinder noch weitere Beschwernisse überstehen. Jedoch erfahren sie immer wieder auch Phasen des guten Mutterbauches, die mit kosmischen Erlebnissen einhergehen. Wichtig für das Kind ist der Kontakt, den die Mutter zu ihm aufbaut. Worte und Gedanken, von der Mutter zum Kind hin gerichtet, schaffen Geborgenheit und stärken das Urvertrauen. Geht es der Mutter gut, so fühlt sich auch das Kind wohl – und umgekehrt.

Mit dem berühmten Lilly-Tank[51] läßt sich die Situation im

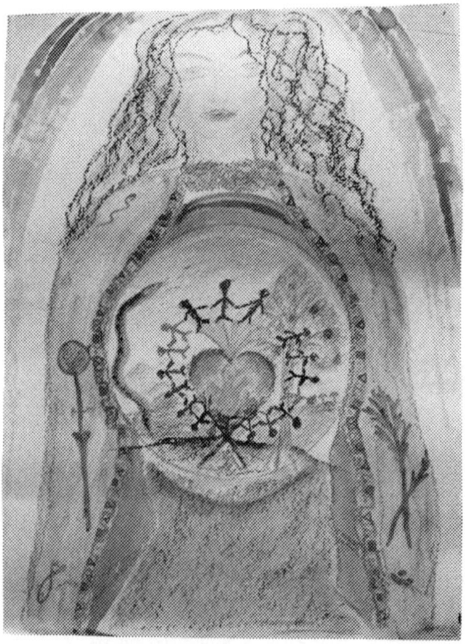

Abb. 36 Malen Klienten – wie auf diesem Bild – den «guten Mutterbauch», so zeigt dies an, daß alles befriedet worden ist: Die Kains-Gefühle geglaubter Schuld sind entlassen worden.

Mutterbauch wirklichkeitsnah simulieren: Man schwebt dort in einer Art Sarkophag, in Dunkelheit und Stille, in einer Salzlösung, scheinbar schwerelos wie der Astronaut, der in der Weite des Weltalls an der Versorgungsschnur des Mutterschiffs dahintreibt.

Abb. 37 Ein weiteres Bild der Befriedung: Der «erlöste Mutterbauch»

Störende Einflüsse von außen

Selten wächst ein Kind jedoch ganz ohne Störung von außen im Mutterleib heran. Gefühlsmäßig bekommt der wachsende Embryo alles mit, was «draußen» geschieht: jeden Sturz der Mutter, jeden Streit mit dem Vater, die vom Arzt verabreichten Medikamente ebenso wie Alkohol und Zigaretten, welche die Mutter konsumiert; aber auch Angst und Verzweiflung, ausgelöst durch Krieg oder andere Katastrophen, und so fort.

Jede Belastung während der Schwangerschaft kann, wie gesagt, eine Blockade im Lebensfluß herbeiführen, die Energiestau und Chaos zur Folge hat. Abtreibungsversuche – ob erwogen oder wirklich vollzogen – erzeugen ein spezielles Aggressionsmuster in dem Kind, das dann trotzdem zur Welt kommt. In einer Rückführung beschreibt ein Klient diese Situation folgendermaßen:

«Draußen wird überlegt, ob und wie ich abgetrieben werden soll. Ich komme mir vor wie ein zum Tode Verurteilter, der in seiner Todeszelle sitzt und wartet: Kommen sie oder nicht? Und auf welche Weise werden sie mich töten?

Verständlicherweise kann das Aggressionspotential eines solchen Kindes späterhin enorm sein.

Übung: Meine Geburt

Setzen Sie sich aufrecht hin, atmen Sie lang und tief. Fragen Sie sich: Was weiß ich von meiner Geburt? Weiß ich wenig oder nichts über meine Ankunft in dieser Welt? Befragen Sie bald einmal Ihre Mutter über Ihre Geburt und deren Umstände. Tun Sie dies in Dankbarkeit und Liebe.

Nun visualisieren Sie sich im Mutterbauch während der letzten drei Monate vor der Geburt. Lassen Sie zu, was immer in Ihnen aufsteigen will, und malen Sie es später heraus.

4

Die erste Geburt

Der Ablauf der Geburt eines Menschen spiegelt komprimiert das gesamte psychische Material seiner menschlichen Existenz wider. Dieser Befund läßt sich durch zahlreiche Schilderungen perinataler Erlebnisse belegen, die in Wort und Bild dokumentiert sind, nachdem sie in LSD-Sitzungen[52], durch Intensivatmungen, Rückführungen und Reinkarnationstherapien eruptiv hervorgebracht wurden. Im Geburtsvorgang werden kollektive, kosmische, mystische Ereignisse komprimiert erfahren und später – bewußt oder unbewußt – erinnert und im Bild entäußert. In diesem Zusammenhang können wir von einer «perinatalen Bildwelt» und sogar von «perinataler Kunst» sprechen: Der Künstler versucht sich aus dem Gefangensein in perinataler Problematik zu befreien.[53]

Phasen der Rückerinnerung

Die Rückerinnerung, gefördert durch eine der genannten Methoden, wird meist durch ein aktuelles Problem ausgelöst, mit dem sich ein Mensch herumschlägt und unter dem er leidet. – Auch hierzu wieder ein Beispiel aus der Praxis:

Der 32jährige Klient Karl hat große Schwierigkeiten bei der Begegnung mit anderen Menschen, besonders mit Frauen. Sexueller Kontakt mit seiner eigenen Frau ist unmöglich; halten sich andere Menschen – besonders auch seine Ehefrau – in seiner Nähe auf, so steigen ungeheuer starke Aggressionen in ihm hoch, so daß er Angst bekommt, um sich zu schlagen, zu toben, Amok zu laufen oder gar jemanden umzubringen.

Die Rückerinnerung (durch Gespräch und Intensivatmung) fördert zunächst mehr oder minder starke Kommunikationsschwierigkeiten – vor allem im Umgang mit dem weiblichen Geschlecht – zutage, unter denen Karl in den Jahren während und nach der Pubertät litt, also etwa zwischen 12 und 19 Jahren.

Wie wir oben im III. Teil, Kapitel 3, bereits erfuhren, sind solche Probleme Wiederholungen und Bestätigungen eines Musters, das in einer viel früheren Lebensphase geprägt worden ist *(Kernmuster II)*.

Mit fortschreitender Rückführung und Regression steuert der Aufdeckungsprozeß charakteristischerweise auf die Kernerfahrungen in der Kindheit zu, in welcher der betreffende Konflikt durch ein zutiefst erschütterndes Erlebnis oder einen Schock erstmals in dieser nachgeburtlichen Existenz verursacht wurde. Bei Karl besteht diese Kernerfahrung aus folgendem:

Als uneheliches Kind schläft er bis zum vollendeten zweiten Lebensjahr bei seiner Mutter im Ehebett. Dann erleidet er eine zweifache Zurücksetzung *(Kernmuster I)*: Sein Vater heiratet seine Mutter, so daß er seinen Platz neben der Mutter an den Vater abtreten muß. Und zur gleichen Zeit bringt die

Mutter ihren zweiten Sohn zur Welt, auf den sich nun der größte Teil von Aufmerksamkeit und Zuwendung konzentriert.

Um dennoch weiterhin die für sein Überleben notwendige Liebe der Eltern und anderer Mitmenschen zu bekommen, baut sich Karl ein «Sunnyboy-System» auf: Mehr und mehr gibt er sich als stets gut aufgelegten, von allen geliebten Kumpel, als Clown und Stimmungsnudel.

Die Kehrseite der Medaille: Seine wahren Gefühle und Stimmungen muß er nun verbergen, Probleme, Sorgen und Bedürfnisse verleugnen; jede Sehnsucht nach echtem Kontakt muß er ebenso verdrängen wie die Verletzungen, die er erleidet, indem ihm solcher Kontakt versagt bleibt. So staut sich mit den Jahren eine ungeheure, sexuell-erotisch gefärbte Aggression gegenüber dem weiblichen Geschlecht in ihm auf. Die Zeitbombe tickt. Jedoch sind dies alles Kernerlebnisse, also prägende Wiederholungen eines Musters, das lange vor seinem zweiten Lebensjahr entstanden ist.

Das *Urtrauma* ist erst im Geburtserlebnis selbst zu entschlüsseln: Karls Geburt dauerte lange und war sehr schwer. Nach der Geburt wäre seine Mutter beinahe verblutet. Aus diesen beiden Fakten läßt sich folgern, daß der Geburtskampf lang und heftig war *(Urmuster)*. Überdies deutet Karls immenses Aggressionspotential auch auf einen möglichen Abtreibungsversuch hin.

Traumatische Verknüpfung von Sexualität und Gewalt

Wie und in welcher Geburtsphase entsteht eine traumatische Situation – also ein Urerlebnis –, durch die eine Verbindung von Sexualität und Gewalt vorgeprägt werden kann? Hierzu ist zweierlei zu sagen:

1. und grundsätzlich: Jeder Mensch kommt durch das weibliche Geschlecht, die Vagina zur Welt. Bei Rückführungen zur Geburt erleben manche Klienten beim Durchgang durch die Vagina einen Orgasmus.
2. Die bedrängende Geburtssituation, zuletzt in Geburtskanal und Vagina, ruft im Säugling verschiedenartige Reaktionen hervor: Angst und Wut, Trauer, Resignation und so fort.

Damit sind zwei unterschiedliche Komponenten zusammengekommen, die sich auch im Leben des Erwachsenen beim Koitus vermengen: Sexualität sowie eines der erwähnten Reaktionsgefühle auf die geburtliche Bedrängnis.

Ein klassisches Beispiel für diese Mischung von «Sexualität plus x» ist die *«vagina dentata»*, die neurotische Vorstellung des Mannes, daß die Vagina der Frau wie das Maul eines Krokodils oder Raubfisches mit Zähnen bestückt sei.

Die perinatalen Grundmatrizen nach Stanislav Grof

Zum besseren Verständnis der Geburt und des Geburtsvorgangs stelle ich im folgenden die perinatalen Matrizen vor, wie Grof sie verwendet[54]:

Erste Grundmatrix:
Die symbiotische Einheit von Embryo und Mutter. In der

Regel verläuft diese Phase störungsfrei: Das Kind erlebt den Mutterleib als ideale kosmische Umwelt. Auch das «ozeanische Gefühl» ist hier zu Hause.

Mögliche Störungen: Mißbrauch von Nikotin oder Alkohol; Krankheit, Unfall, Abtreibungsversuch; Aufregungen, Krieg, andere Katastrophen; psychische Störungen wie Depression usf.

Zweite Grundmatrix:
Mit dieser Phase beginnen die geburtstraumatischen Erfahrungen. Muskelkontraktionen im Unterleib der Mutter und periodische Gebärmutterspasmen pressen das Kind zusammen, doch der rettende Ausgang – der Muttermund – ist noch verschlossen. Das Kind erleidet Höllenqualen: Kein Ende in der Zeit, kein Entkommen im Raum ist abzusehen. Drachen, Teufel, Schlangen, Krokodile, Wale, Riesenkraken oder -spinnen drohen es zu verschlingen.

Für das spätere Leben bleiben als Muster: Blindheit gegenüber dem Positiven; quälende Gefühle der Einsamkeit, Hilf- und Hoffnungslosigkeit, der Minderwertigkeit, Verzweiflung und Schuld.

Für solche Qualen der Ausweglosigkeit stehen symbolisch: Eingeschlossensein in einem Labyrinth oder in der Unterwelt; Verlust des Paradieses und Engelssturz; Kerker, Konzentrationslager, Irrenhaus oder ewige Verdammnis.

In der Literaturgeschichte schlagen sich traumatische Erlebnisse dieser Art etwa im mittelalterlichen «*memento mori*» nieder oder in den Höllenszenen der *Göttlichen Komödie* von Dante; in der bildenden Kunst wären als bedeutende Vertreter Hieronymus Bosch, der «Höllen-Breughel» und Salvador Dalì zu nennen.

Im zurückliegenden Jahrzehnt haben sich insbesondere Filmautoren und -regisseure mit dem kosmischen Verschlungenwerden, dem paranoiden Wahnsinn und dem Ausgeliefertsein an böse, übermächtige Kräfte befaßt. Zu erwähnen wäre hier vor allen anderen Steven Spielberg mit seinem Film *Die Gremlins*, häßlichen Koboldteufeln, die ihre Umwelt tyrannisieren. In *Krieg der Sterne* von George Lucas werden die Ereignisse in den Kosmos verlegt, wo der Astronaut ja, durch eine Sicherheits- und Versorgungsschnur mit dem Mutterschiff verbunden, ebenso schwerelos schwebt wie in der Fruchtblase der Embryo im Mutterbauch. So verwundert es nicht, daß umgekehrt auch der embryonale Zustand im Mutterleib immer wieder als kosmische Situation erlebt wird. Insbesondere im dritten Teil des Filmzyklus von Lucas treten erschreckende archaische Wesen – Kreaturen also, in denen Weibliches und Männliches noch nicht geschieden ist – und alles verschlingende Ungeheuer auf, die ihre Opfer tausend Jahre lang verdauen. Ebenso war *Alien*, obwohl dramaturgisch eine Katastrophe, ein großer Publikumserfolg, da die Zuschauer beim Betrachten dieses Films unbewußt ihre Geburtserlebnisse erinnern konnten. Insbesondere die Filmdekoration – nach Entwürfen des Schweizer Malers H. R. Giger, der hierfür einen «Oscar» erhielt – bezieht sich auf Traumata im Mutterleib.

Literarisch wurden solche Erlebnisse unter anderem auch von Jules Verne (*Die Reise zum Mittelpunkt der Erde* und andere), Gustav Meyrinck (*Der Golem* und andere) oder Maria Szépes (*Der rote Löwe*) verarbeitet.

Dritte Grundmatrix:

In dieser dritten Phase ist der Muttermund geöffnet: Das Kind findet einen Ausweg, den Eintritt in den Geburtskanal. Hier aber geht der Kampf ums Überleben mit neuen Schrecknissen weiter – massivem Druck, drohendem Ersticken, möglicher Berührung mit Blut und Schleim, Fruchtwasser, Urin und Kot.

Grof unterscheidet bei dieser dritten Matrix vier Aspekte: einen titanischen, einen sadomasochistischen, einen sexuellen und einen eskatologischen. Fundamental ist hier die Erfahrung der Begegnung mit dem Tod und der sich anschließenden Wiedergeburt.

Vierte Grundmatrix:
Beginn und Ende dieser Phase lassen sich mit Karfreitag und Ostersonntag symbolisieren.

- Karfreitag: absolute Zerstörung durch die Beengung im Geburtskanal und die Austreibung selbst;
- Ostersonntag: Befreiung und Glückseligkeit durch die Erfahrung von Geborgenheit und Einheit mit der leiblichen Mutter und mit der Schöpfung.

Geburtstraumata: ein Fallbeispiel

Aus zahlreichen Beispielen, welche das angeführte Schema veranschaulichen könnten, greife ich nun einen Fall heraus, der das Geburtserleben besonders eindrucksvoll illustriert:

> Die Klientin ist eine 39jährige Frau mit der Erfahrung eines mißglückten Abtreibungsversuchs im Mutterleib. Unmittelbar nach der schwierigen Geburt – vorzeitiger Fruchtblasensprung, Fahrt ins 35 Kilometer entfernte Krankenhaus, dort Narkose der Mutter – wurde das Mädchen für ein Jahr in ein

Säuglingsheim gegeben. Bei der Rückführung bis zur Geburt erlebte sie das Folgende:

1. Der vorzeitige Blasensprung ist eingetreten. Ein schwarzes Tuch wickelt sich um sie; es ist ekelhaft. Sie spürt Druck im Kopf, die Kehle ist wie zugeschnürt; vom Hals abwärts fühlt sich ihr Körper fremd und taub an. Ihre Lebenslust ist geschwunden. In dieser Phase, die überaus lange dauert (35 Kilometer Fahrt zum Krankenhaus), leidet sie sehr, unter körperlichen Schmerzen mit Erstikkungsanfällen ebenso wie unter seelischer Bedrängnis: «Warum werde ich so gefoltert? Was habe ich getan?» Schuld- und Verlassenheitsgefühle nehmen sie gefangen.
2. Im Krankenhaus: Die Mutter bekommt eine Spritze. Nebel legt sich um das ungeborene Mädchen wie eine wattige Hülle. Nichts kommt mehr an sie heran; der Druck ist verschwunden, sie fühlt sich grenzenlos, wie ein Schwamm. In gewisser Weise ist dies kein unangenehmes Gefühl – der «Nebel der Verantwortungslosigkeit», wie ich das zu nennen pflege: «Ich kann nichts tun und brauche auch nichts zu tun, da ich für nichts zuständig bin.» Anschließend, in der Reflexion dieser Erfahrungen, erkennt die Klientin selbst, daß sie bis heute diesen Zustand oft herbeiführt, wenn sie im Streß ist (wie die Geburt für das Kind eine Streßsituation darstellt!). Indem sie stark raucht und viel Alkohol trinkt, umgibt sie sich dann mit einem ähnlichen «Nebel der Verantwortungslosigkeit».
3. Die Wirkung der Spritze läßt nach: In ihrer Brust breitet sich heftige Aufregung aus, die langsam zum Kopf hochsteigt. «Es ist nicht auszuhalten!» ruft sie immer wieder, wobei sie sich auf der Matte wälzt und windet. «Ich muß etwas tun, ich ertrage es nicht mehr!» Dann entsteht

plötzlich und erlösend wieder Nebel: Die Erregung in Kopf und Brust vergeht. Doch schon nach kurzer Zeit wird sie wieder von der Aufregung ergriffen und ruft erneut: «Ich muß etwas tun, sonst bleibe ich für immer hier!» Das bedeutet: Sie muß sich für das Leben entscheiden und ihren Teil zur Geburt beitragen.

4. Die Geburt selbst (wobei ich den Geburtskanal spiele, indem ich ihr Enge gebe, damit sie handeln und sich durchstrampeln kann): Mit großer Anstrengung kommt sie endlich hindurch und gelangt nach draußen ins Licht. Doch dort wird sie sofort weggelegt, weil Ärzte und Schwestern sich allein um die Mutter kümmern. In dieser Situation kurzer Verlassenheit stammelt die Klientin Sätze wie «Alles ist so schwer ... alles so sinnlos ... niemand mag mich ... die Mutter spür' ich nicht ... sie gibt mich weg! – Aber ich werd's euch schon zeigen!»
5. Das Säuglingsheim: Nach der Geburt gibt die Mutter das Kind ja tatsächlich weg. Wird eine Mutter-Kind-Symbiose im ersten Lebensjahr zerstört, so erleidet das Kind in der Regel schwerste psychische und körperliche Störungen. Ein Resultat dieser Trennung ist im vorliegenden Fall die Sprachlosigkeit zwischen Mutter und Kind. Der oben zitierte letzte Satz – «Ich werd's euch zeigen!» bezeugt den Lebenstrotz der Klientin. Tatsächlich hat sie viel Kraft, die sie aus Wut und Trotz bezieht.

PS: Zum Abschluß ihrer Therapie verabschiedete sich die Klientin von den Geburtsmustern und dankte für die befreiende Veränderung in ihrem Leben.

Kaiserschnitt

Im folgenden gehe ich ausführlicher auf den sogenannten Kaiserschnitt ein, da dieser besondere Geburtsvorgang andere Urmuster aktiviert.

Der ungeplante Kaiserschnitt:
Plötzlich treten bei der Geburt Komplikationen auf: Trotz Wehentropf bleiben die Wehen aus; der Muttermund öffnet sich nicht; das Kind gelangt nicht tief genug ins Becken, etwa weil die Nabelschnur um den Hals liegt; vorzeitige Plazentalösung und vorzeitiger Fruchtblasensprung treten ein; die Gebärende bekommt Fieber; Ödeme bilden sich, verbunden mit hohem Blutdruck und Eiweiß im Körper («Schwangerschaftsvergiftung») – beim ungeplanten Kaiserschnitt hat das Kind die zweite und möglicherweise auch die dritte Geburtsmatrix als sehr schmerzvoll erlebt.

Die vierte und letzte Phase, die beglückende Befreiung, die es nicht erfahren hat, wird durch ein Ritual des Geburtskanals in der Therapie nachgeholt.

Der geplante Kaiserschnitt:
Hier hat das Kind in der Regel keine oder kaum eine der schmerzhaften Matrizen erlebt: Vom bergenden Schoß wird es unmittelbar in die helle Welt gehoben – ohne Druck oder Schmerz, ohne Verzweiflung und Todesangst, ohne Anstrengung und Kampf, damit aber auch ohne eigenes Zutun und Eigenverantwortung. Das ist sein Schicksal, und entgegen dem Anschein kein leichtes: Solche «Kaiserschnitt-Kinder» halten oft kurz vor dem Ziel inne und beenden ihre Vorhaben selten.

Auch hierzu ein Fallbeispiel:

Die heute 36jährige Frau ist durch einen geplanten Kaiserschnitt zur Welt gekommen. Die Mutter war bei der Geburt 42, der Vater 50 Jahre alt. Redet sie von der Mutter, wird sie depressiv; spricht sie vom Vater, so strahlt sie.

Die Eltern lebten – vor allem nach der Geburt ihrer Tochter – keine Ehe mehr. So wurde die Klientin im Verlauf von Kindheit und Jugend einerseits – in Bezug auf den Vater – zur schärfsten Konkurrentin der Mutter: In der Systemgruppe, die sie besucht, stellt sie sich auf den mütterlichen Platz. Andererseits fühlt sie sich als verlassenes Kind, das sich mit dem Hund zusammenkuschelt.

Die Mutter wurde mehr und mehr depressiv; die Tochter erlebte das scheinbar nutzlose Leben der Mutter, die alles mit sich geschehen ließ. Bald schon wechselte die Tochter in Mutters Zimmer nahe dem väterlichen Arbeitsraum, während die Mutter das Kinderzimmer im Tiefparterre bezog.

So vertiefte sich die innere Spaltung der Klientin mehr und mehr: Einerseits gab sie sich als Prinzessin auf der Erbse, Dornröschen und «Skelett hinterm Busch»[55], andererseits als selbstloser Engel, der die Ehe der Eltern retten will: «Nur wenn Vater und Mutter glücklich sind, kann auch ich glücklich sein.» Doch dann wieder erlitt sie schwere Rückfälle ins Depressive: «Was soll ich in dieser Welt? – Wenigstens den Vater will ich haben.» Das erklärt die innere Zerrissenheit der Klientin: Bald ist sie in Hochstimmung, bald sitzt sie tief im Berg und hat das Zauberwort, das «Sesam öffne dich», vergessen, das ihr den Weg in die Freiheit ermöglicht.

So gut wie nie erinnert sie sich an ihre Träume. In Rückführungen zu Kindheit und Geburt, Mutterbauch und Konzeption sieht sie anfangs nur Schwarz; später tauchen spärliche Erinnerungen und Bilder auf. «Ich bin überfällig, und es kommt nichts», sagt sie. Im Dämmerzustand liegt sie im Mutterbauch – so wie später während der Depressionen in ihrem Leben –, und nichts tut ihr mehr weh. Nachher zeichnet sie ein Bild: Links bleibt sie noch in der Mutter, rechts wird sie hinausgehoben in den kalten Kreißsaal – auch hier totale Zerrissenheit.

Als sie während der Therapie einmal die Mutter besucht, verfällt die Klientin wieder in bleierne Lethargie. Alle Übungen läßt sie fallen und legt sich statt dessen mit Decke und Wärmflasche in ihr Zimmer oder neben die Mutter, wo sie 15 Stunden lang schläft.

Daraufhin versuche ich eine letzte Intervention: «Es ist genug! Fast zwei Jahre Therapie, und das bißchen Besserfühlen soll schon das ganze Ergebnis sein?» In drei bis vier Wochen, erkläre ich ihr, würde ich ihre Therapie beenden. Sie lasse sich von ihren Gefühlen und ihrer Depression hin und her zerren und vernachlässige die vereinbarten Übungen und Imaginationen. Nach wie vor sei sie zerrissen zwischen dem trotzigen Kind und dem anderen Teil in ihr, der leben wolle. Was habe sie denn davon, frage ich, wenn sie sich dem trotzigen, neinsagenden Kind anschließe?

Allmählich schält sich das Urmuster heraus: «Dann brauche ich für nichts verantwortlich zu sein!»

Mir wird klar: Dieses Muster ist durch den geplanten Kaiserschnitt geprägt worden. «Ihr habt mich damals ohne mein Zutun herausgeholt», lauten ihre zentralen Sätze, «dann macht doch so weiter. Ich will ja eigentlich nicht!» Damals mußte sie nicht «ja» zum Leben sagen – und hat es seitdem nie wirklich getan.

Nach dieser Intervention sprudelt es aus der Klienten nur

so heraus: Sie sei immer lethargisch und passiv gewesen. Von Jugend an habe sie Phantasien von Vergewaltigung gehabt und sich in Tagträumen als Sklavin gesehen, mit der alles angestellt werden könne. Ebenso hatte sie Phantasien, in denen sie starb und alle sich schuldbewußt um sie kümmerten. In der Lethargie, sagt sie, sei auch etwas Seliges: der alte Mutterbauch, simuliert mit Decke und Wärmflasche …

Warum aber hat sie berufliche Ziele erreicht – anders als viele Menschen, die durch geplanten Kaiserschnitt geboren wurden und stets vor Erreichen ihrer Ziele stehenbleiben? Sie hat es für den vielgeliebten Vater getan, niemals für sich selbst.

Übung: Das Bild meiner Panik

Setzen Sie sich aufrecht hin, atmen Sie tief und lang. Stellen Sie sich die Frage: Wie ist mein Verhalten in Streß- und Paniksituationen? Visualisieren Sie dieses Bild Ihrer Panik. Atmen Sie ruhig und gelassen weiter, während Sie Ihr Streßmuster anschauen. Atmen Sie so lange tief und langsam, bis sich das Bild ändert und Sie in diesem Bild gelassener und ruhiger werden und der Situation angemessen handeln.

Nun malen Sie beide Bilder heraus, das der Panik und das der Gelassenheit.

Auf den Punkt gebracht

- Die Embryonale Situation ist die zweite Ursache für Probleme.
- Zwei Bereiche lassen sich unterscheiden:
  1. eine systemische Situation im Mutterleib, entstanden durch mögliche Mehrfachzeugung und Absterben der Embryogeschwister, woraufhin sich der oder die Überlebende eine Schuld «anmaßt», die später im Leben abgebüßt wird;
  2. die vielen möglichen traumatischen Komplikationen und Ereignisse während Konzeption, Schwangerschaft und Geburt (Alkohol, Nikotin, Krankheit der Mutter mit medikamentöser Beeinflussung, Abtreibungsversuch, elterlicher Streit, Krieg, Tod des Vaters usw.), auf die reagierend das embryonale Kind seine Urmuster erzeugt.
- Heilung und Befreiung gelingen, wenn wir unsere Geburtsmuster noch einmal anschauen und dankend von ihnen Abschied nehmen.

Teil IV

Systemische Verstrickung außerhalb des Mutterleibs als dritte Problemursache

1

Die Verstrickung im System

Vor vielen Jahren, als sich meine Arbeit noch auf die Auflösung traumatischer Vorfälle beschränkte, kam es vor, daß ich Klienten entlassen mußte, obwohl ihre Anliegen noch nicht erfüllt waren – sei es, daß die Probleme mit dem Partner nicht gänzlich bereinigt waren, sei es, daß den Klienten das Unglück nicht verließ oder die Krankheit nach wie vor nicht heilen wollte.

Erst durch Beschäftigung mit Transaktionsanalyse und Systemischer Therapie – vor allem mit dem systemischen Stellen nach Bert Hellinger – erschloß sich mir die zweite Seite der Medaille: Wo man bei der traumatischen Aufarbeitung an eine Grenze stößt, können mit systemischer Therapie die verbliebenen Ursachen von Leid und Unglück aufgearbeitet werden.[56] Denn von Anfang an wirken, wie wir sahen, zwei Hauptkonflikte in uns allen: Trauma und systemisches Verstricktsein.

Während die Auflösung von traumatischem Erleben mit heftigen Gefühlsentladungen einhergeht, erfolgt die Lösung aus systemischer Verstrickung vor allem durch Einsicht – die dann allerdings durch eigenes Handeln umgesetzt und in den Alltag integriert werden muß.

Grenzen der Therapie

Therapeutische Hilfe sollte nicht zu lange dauern, sonst kann eine «Therapie der Entmündigung» daraus werden. Wir müssen uns bewußt sein, daß auch der Therapie und dem Therapeuten Grenzen gesetzt sind, die nicht ohne Folgen überschritten werden können. Die erste Grenze ist das Schicksal, vor dem sich zu verneigen die angemessene Gebärde ist. Eine zweite Grenze, die niemand überschreiten sollte, ist die Versuchung der Perfektion: Trauma und Verstrickung absolut und vollkommen auflösen zu wollen. Dadurch würde die heilsame Dynamik, die jeder Konflikt in sich birgt, erlahmen – und der Klient «unheilbar gesund». Eine dritte Grenze zeigt sich dort, wo jemand gar nicht wirklich geheilt werden will, weil er sich seinem Gewissen verantwortlich fühlt, aus Liebe, Loyalität oder Schuld, oder weil er nicht bereit ist loszulassen, was doch längst abgestorben ist. Solche Menschen überlassen wir getrost sich selbst und jener guten Kraft, die in uns allen wirkt.

Befreiung aus systemischer Verstrickung

Worin besteht nun die andere Seite der Medaille, die systemische Verstrickung? Wenn Eltern oder Großeltern schuldig wurden, so nehmen die Schwächsten im Familiensystem – die Kinder – diese Schuld sühnend auf sich. Wenn etwa der Vater sich von einer Verlobten trennt oder die Mutter ein voreheliches Kind vertuscht, so wirken sich solche Vergehen in den nachkommenden Kindern aus. Im ersteren Fall kann es sein, daß die Tochter – so wie die verstoßene Verlobte – keinen Mann findet; im zweiten Fall mag es geschehen, daß ein eheliches Kind für das Leid des vertuschten unehelichen büßt, indem es sehr krank wird oder gar stirbt.

Um uns aus solcher Verwirrung und Verstrickung zu befreien, müssen wir zunächst den eigenen, uns gemäßen Platz in der Herkunftsfamilie einnehmen: Oft stehen wir aus ängstlicher Bescheidenheit, aus Mißachtung der älteren Geschwister oder gar in Konkurrenz zu einem Elternteil auf einem falschen Platz. Auch die gute Ablösung von Vater und Mutter kann nur gelingen, wenn wir uns aus systemischer Verstrickung befreien. Denn ohne solche Ablösung ist keine rechte innere Ordnung möglich, und dieser Mangel wirkt sich auf die späteren Partnerbeziehungen und das weitere Leben aus.

Mutters Sohn und Vaters Tochter

Fast immer gehen Muttersöhne und Vatertöchter miteinander Beziehungen ein: Er sucht in ihr die Mutter, sie in ihm den Vater, und so halten sie aneinander fest, ohne einander wirklich zu erkennen. Aus den zahllosen Varianten dieser Beziehungen greife ich hier nur zwei weit verbreitete heraus:

1. *Beispiel:* Schon jahrelang lebt ein Paar in einer eheähnlichen Beziehung zusammen. Aber sie können sich nicht entschließen zu heiraten, denn beide tragen heimlich den Satz in sich: «Du bist noch nicht ganz der (die) Richtige für mich.» Etwa um das achte oder neunte Jahr herum gehen solche Beziehungen sehr häufig in die Brüche. Böse wenden sich beide voneinander ab – und wissen meistens nicht einmal, warum.

2. *Beispiel:* Viele Frauen sind immer wieder verzweifelt, weil sie bei der Partnersuche stets auf verheiratete Männer stoßen. Zweifel an dieser Verzweiflung sind allerdings angebracht: Unbewußt suchen sich solche Vätertöchter Männer aus, die gebunden sind; so laufen sie nicht Gefahr, den Vater verraten zu müssen. Die Männer ihrerseits sind – mit C. G. Jung zu sprechen – «Anima-besetzt»: Auf der Suche nach der Mutter, von der sie sich nicht abgelöst haben, verbinden sie sich mit immer neuen Frauen – und erkaufen ihre Freiheit mit der Unfähigkeit zu dauerhaften Beziehungen, zuletzt nicht selten mit Einsamkeit.

Übung: Begegnung

Zur Vervollständigung der gestörten und unvollendeten Hinbewegung ist diese Begegnungsübung (für Paare bzw. zwei Personen) besonders wichtig. Sie ermöglicht die Ankunft, aber auch die Erfahrung von Nähe und Distanz in Beziehungen.

Der eine Mitspieler steht in einer Ecke des Raums tief atmend, durch den Mund ausatmend («Gefühlsatmung») und gut geerdet: Stellen Sie sich vor, aus Ihrem Steiß wachse ein starker, langer Känguruhschwanz bis zum Boden. Auf diesen Schwanz «setzt» man sich: Man geht wenige Zentimeter in die Knie und steht mit leichter Rückenlage. Nun hat man drei Gebärden zur Verfügung:

1. offene Hände – man breitet die Arme aus und öffnet empfangsbereit die Hände: «Du bist willkommen»;
2. Handflächen nach vorn: «Stop, bleib stehen!»;

3. Arme ausgestreckt, die Hände zu Fäusten geballt: «Geh weg, hau ab!»

Der andere steht etwa zehn Meter entfernt, wartet auf die Gebärden des Partners und handelt entsprechend: Bei Gebärde 1 geht er langsam, fast in Zeitlupe, auf den Partner zu; bei Gebärde 2 bleibt er stehen; bei Gebärde 3 bewegt er sich langsam zurück.

Derjenige, der die Gebärden ausführt, sollte auf zweierlei achten:

1. Senden Sie keine doppelten Botschaften aus: Beispielsweise würde Gebärde 3, begleitet von einem Lächeln, signalisieren, daß das Wegschicken nicht ernst gemeint sei.
2. Nehmen Sie so deutlich wie möglich wahr, was Sie in den verschiedenen Stadien von Nähe und Distanz jeweils empfinden (Angst, Panik, Ärger, Wut, Schmerz, Freude, Glück). Wenn Sie die richtige Entfernung zum Partner gefunden haben, sagen Sie: «Stop, Ende des Spiels, du hast nun die richtige Entfernung (oder Nähe) zu mir.»

Führen Sie diese Übung so lange durch, bis Sie klare Botschaften aussenden können und die Angst in Ihnen verflogen ist. Dann tauschen Sie mit Ihrem Partner die Rollen.

PS: Die offene Begegnung ist eine der schwierigsten zwischenmenschlichen Situationen. Also verzagen Sie nicht, wenn es nicht gleich klappt.

2

Parentifizierung

Kinder, denen es zu Hause an Geborgenheit, Vertrauen und klaren Gefühlen mangelt, suchen häufig Ersatz in magischen Vorstellungswelten. Als Tore zu solchen Scheinparadiesen bieten sich Märchen mit idealen Ersatzeltern an: dem guten König, dem weisen Mann oder dem helfenden Zauberer als Vaterersatz und der guten Königin, wissenden Frau oder gütigen Fee als Mutterersatz.

Je nachdem, welche Beziehungen in einer Familie herrschen (die Variationsbreite ist schier unendlich), können Kinder in der magischen Märchenwelt auch getarnte Väter und Mütter finden. Im Märchen *Schneeweißchen und Rosenrot* etwa erweist sich der Bär als guter Vater (nach einem Unfall schimmert das Königsgewand unter dem Pelz hindurch). Im Märchen vom *Wolf und den sieben Geißlein* könnten manche Kinder im Wolf den Vater entdecken, der zu seinen Kindern – den Geißlein – will: Die Geißenmutter hat ihm verboten, sie zu besuchen, einst aber werden die Kinder so wie der Vater werden; denn Kinder hängen insgeheim stets dem benachteiligten oder schwächeren Elternteil an.

Es leuchtet daher ein, daß Märchen bei der aufdeckenden therapeutischen Arbeit äußerst nützlich sein können: Nicht selten liefern sie uns den Schlüssel zum Bild des Kindes von seiner Herkunftsfamilie. Jeder von uns trägt ein bestimmtes, in der Kindheit geprägtes Bild seiner Ursprungsfamilie in sich und projiziert dieses energetische Beziehungsmuster der Familienbeziehungen in seine Lieblingsgeschichten hinein – ob nun in Märchen, Lieder oder selbst erfundene magische Formen.

Wie bereits weiter oben erwähnt, läßt sich vor allem vom Beginn einer Märchengeschichte, die ein Klient aus seiner Kindheit lebhaft erinnert, auf eine Grundkonstellation in der Herkunftsfamilie schließen. Im Märchen *Schneewittchen* etwa geht es um die Auseinandersetzung zwischen Mutter und Tochter um den Vater. Auch Dornröschen im gleichnamigen Märchen will nicht vom Vater ablassen. Die Titelfigur in *Die kleine Seejungfrau* schließlich setzt alles daran, den Vater zu heiraten. Sie will sich auf eine andere Ebene aufschwingen (Menschenbeine statt Schwanzflosse) und muß zwangsläufig scheitern. Ebenso wird im oben schon ausgiebig gewürdigten *Rumpelstilzchen* dieses Thema angespielt: «Ich will dem Vater eine bessere Frau sein als die Mutter.» So oder so wächst die vermeintliche Goldspinnerin als Vatertochter auf.

Frauen, die sich solche Märchen aus der Kindheit bewahrt haben, geben dem Therapeuten hierdurch einen Hinweis, wo der Konflikt zu suchen ist: im Spannungsfeld von Vater, Mutter und Tochter (da es sich oft um Einzelkinder handelt). Ob die Mutter wirklich früh gestorben, weggegangen ist o.ä., spielt dabei eine untergeordnete Rolle: Der Kern des Problems ist die Hinwendung der Tochter zum Vater und die Ablehnung der

Mutter mitsamt dem zurückgehaltenen Haß auf die Mutter und der darunter verschütteten Liebe zu ihr.

Gottvater und Mutter Kirche

In Familien mit christlicher Glaubenseinstellung wenden sich Kinder, die bei Mutter oder Vater keine Geborgenheit, kein Verständnis finden, häufig der «Mutter Kirche» und dem «himmlischen Vater» zu. Die schützende Himmelsmutter mit dem weißblauen Sternenmantel, der kosmische Geborgenheit verheißt, und der liebe Gott mit dem weißen Bart und den gütigen Augen spielen hier die Rolle idealer Ersatzeltern. Auch Sagen und Legenden mit ihren Helden und Heiligen bieten den heimatlosen Kindern ein breites Angebot an Ersatzeltern und Identifikationsfiguren.

Nach allem, was wir wissen, scheinen Menschen, die sich als Junge oder Mädchen in die Obhut des Himmels begeben haben, nicht ungefährdet zu sein. Wen die diesseitige Welt nicht willkommen hieß, wem die Erde kein Zuhause zu bieten hatte, der neigt auch späterhin dazu, sich von hier zu verabschieden – sich also das Leben zu nehmen.

Systemische Unordnung

«Kinder raten Eltern»: Das etwa ist die Bedeutung des psychologischen Begriffs der Parentifizierung. Wenn die elterliche Ehe zerrüttet ist und die Kinder – mit oder ohne Aufforderung seitens eines Elternteils – sie zu flicken versuchen, werden die Kinder «parentifiziert». Wenig verwunderlich, daß solche Kinder, die sich plötzlich mit Vater und Mutter auf einer Stufe finden (oder sogar darüber) und damit ihrerseits elternlos geworden sind, sich wiederum in magischen Welten auf die Suche nach Ersatzeltern begeben.

Die Paarbeziehung von Vater und Mutter sollte, wie oben erwähnt, *vor* der Elternschaft stehen: Gute Elternschaft setzt eine gute Paarbeziehung voraus. Wie sollte die Elternschaft gut sein können, wenn die Bindung des Paares zerbrochen ist?

Oftmals greifen Kinder auch von sich aus in die Paarbeziehung der Eltern ein und geben Vater oder Mutter Ratschläge. Meist fühlen sich die Kinder (nicht wenige werden schon ab dem vierten Lebensjahr zu Vertrauten gemacht) durch das elterliche Vertrauen geehrt, denn nun gehören sie besonders fest dazu. Doch in Wirklichkeit bedeutet Parentifizierung auch hier: Sie verlieren Mutter und Vater und dürfen nicht länger Kind sein. Statt daß die Eltern geben und die Kinder nehmen, müssen die Kinder geben – wozu sie seelisch und körperlich gar nicht fähig sind –, und die Eltern nehmen.

Parentifizierung im Mutterleib

Bei Rückführungen zeigt sich häufig, daß auch die Parentifizierung eines Kindes bereits im Mutterleib beginnt. Hierzu zwei Beispiele:

Die Ehe der Eltern einer Klientin ist schlecht. Die Klientin deutet auf ein Bild, das sie gemalt hat: Es zeigt sie selbst im Bauch der Mutter, die damals zu ihrer ungeborenen Tochter sagte: «Gut, daß ich wenigstens dich habe.» Und die Tochter antwortete damals der Mutter: «Mama, dir geht es schlecht. Ich will dir helfen und dich schützen.»

Ein zweites Bild von der Klientin: Links ist der Vater, sehr bedrohlich, zu sehen; rechts sitzt abgewandt die Mutter. Zwischen den beiden, mit dem Rücken an die Mutter gelehnt, sitzt die Tochter: bereit, die Mutter vor dem Vater zu beschützen.

Ein Klient sieht bei einer Rückführung folgende Szene:

«Ich bin im Mutterleib. Mutter engt mich ein. Sie ist wie eine Mauer um mich!» Auch in diesem Fall ist die Ehe der Eltern schlecht. Der Vater wünscht sich einen Jungen, und

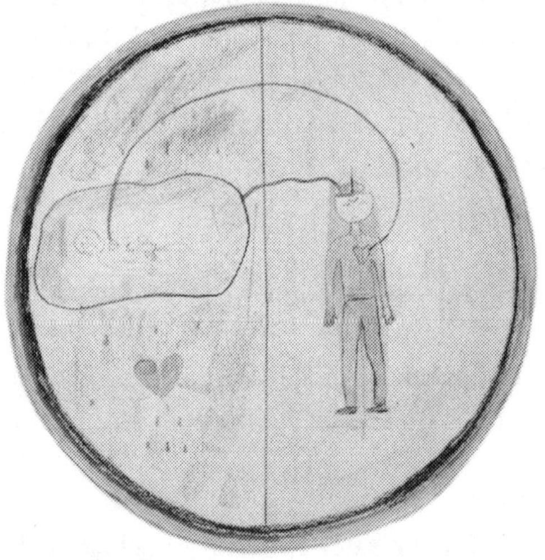

Abb. 38 Das Bild einer Klientin, die sich bereits im Mutterbauch um ihre Mutter Sorgen machte. Ihre Zeichnung symbolisiert totale Identifikation mit der Mutter, deren Ehe schon während der Schwangerschaft so gut wie beendet war.

der Klient (bei einer Rückführung im Mutterleib) denkt: «Wenn ich zur Welt komme, glaubt Mutter, werden ihre Ehe und ihr Leben besser werden.» Er fühlt sich völlig überfordert – und antwortet ihr dennoch mit seinem Verstand: «Mutter, ich nehme es dir ab. Zusammen schaffen wir das schon.»

So beginnt systemische Verstrickung durch Parentifizierung oftmals schon im Mutterbauch – und setzt sich nach dem einmal geprägten Muster nach der Geburt fort.

Wenn Eltern nur um der Kinder willen zusammenbleiben

Wie schädlich es für ein Kind sein kann, wenn die Eltern nur um seinetwillen die Scheidung nicht vollziehen, zeigt das folgende Beispiel: Da legt eine Mutter das jüngst geborene Kind im Ehebett als Puffer zwischen sich und den Vater. Wenn sie keine Sexualität mit ihrem Mann mehr wünscht, er aber diesen Wunsch verspürt, fängt das Kind die negativen Spannungen auf – und leidet, wenn es über Jahre diese Rolle spielen mußte, in der Folge nicht selten als Jugendlicher an schwerem Asthma.

Eine Beziehung ist dann beendet, wenn Mann und Frau einander körperlich nicht mehr anziehen. Dieser Satz wird verständlicher, wenn man bedenkt, daß jegliche Schöpfung und jedes neue Leben aus der Verbindung von Eros und Sexus entstanden sind und entstehen. Wenn also der Sexualtrieb ein Paar nicht mehr verbindet und die Liebe nicht mehr vollzogen wird, ist die Ehe beendet, und wenn die beiden dennoch zusammenbleiben, dann als Zweck- oder Notbündnis. Oder als

Zugewinngemeinschaft, die allerdings nur das Leid hinzugewinnt, das erst im Tode endet.

Wenn Eltern um der Kinder willen zusammenbleiben, obwohl die Paarbindung zerbrochen ist, tun sie den Kindern keinen Gefallen – im Gegenteil. Da die Kinder spüren, daß die Eltern kein Paar mehr sind, unterstützen sie um so sehnlicher und tatkräftiger das Zusammenbleiben von Vater und Mutter, aber zu ihrem eigenen Schaden: Sie stehen im Spannungsfeld der Eltern, bedrückt von Schuldgefühlen, da sie wissen, daß Vater und Mutter nur ihretwegen beisammen bleiben. Und wenn die Ehe tatsächlich nicht geschieden wird, dann wird diese Lösung meist nur in die nächste Generation verschoben: Da sind es dann die Kinder selbst, die sich, ihrerseits erwachsen und verheiratet, für ihre Eltern scheiden lassen.

Sie tun dies aus Liebe, so als ob sie damit sagen wollten: «Weil ihr, liebe Eltern, nicht glücklich geworden seid, versuche ich durch mein eigenes Unglück, euch nachträglich etwas Glück zukommen zu lassen.» Aber dieser magische Ablaßhandel kann nicht funktionieren: Eigenes Unglück macht die Eltern gewiß nicht glücklicher. Die Lösung für das Kind muß daher stattdessen lauten, wie oben schon einmal angeführt: «Liebe Eltern, das Unglück soll mit euch ein Ende haben. Im Andenken an euch führe ich nun eine zufriedene und manchmal auch glückliche Ehe mit meinem Mann (meiner Frau) und im Kreis der Familie.»

Der Preis des Anspruchs

Viele Kinder, die von ihren Eltern früh zu Vertrauten gemacht wurden, maßen sich auch späterhin und in jeder Lage an, den Eltern guten Rat zu geben, als ob sie es wirklich besser wüßten. Dieser Anspruch führt sie nicht selten selbst ins Unglück, indem er ihre Fähigkeiten lähmt, die eigenen Probleme zu lösen, sei es nun in der Partnerschaft oder im Beruf. Doch die Ursache für solche systemische Verwirrung ist eben meist das Vergehen der Eltern, die ihre Kinder ins Vertrauen zogen.

Auch hierzu ein Beispiel aus der therapeutischen Praxis.

Marianne, 30 Jahre alt

Die Eltern haben sich auseinandergelebt. «Heute würde ich mich scheiden lassen», sagt die Mutter einmal rückblickend. Der Vater nimmt sich die ältere Tochter Marianne als Ersatzfrau: Ab ihrem siebten Lebensjahr ist sie seine Vertraute und sein Liebling. Es ist, als ob sie mit ihm verheiratet wäre; vielleicht hat er auch Sätze zu ihr gesagt, die wie Versprechungen klingen: «Du bist meine einzige, die Allerliebste, mein größter Schatz ...»

Die Mutter, eine scheinbar kühle Frau, ist unglücklich und depressiv. Aber auch sie zieht Marianne ins Vertrauen. Überdies hat sie der Tochter ab deren zweitem Lebensjahr verboten, sie «Mama» zu nennen. «Hertha» soll die Tochter statt dessen zu ihr sagen, und Marianne ist sehr stolz auf dieses Zeichen ebenbürtigen Ranges – dabei hat sie schon damals die Mutter verloren.

Als Vertraute beider Elternteile, die untereinander zerstritten sind, wird Marianne zum «Go-between» zwischen Vater und Mutter und muß sich die wechselseitigen Beschuldigungen anhören. Wie jedes Kind will auch Marianne die Eltern versöhnen, aber ohne den Anspruch auf den Vater aufzugeben, durch den sie zur Konkurrentin der Mutter wird. Die spricht daher oft tagelang nicht mit ihr.

Marianne bleibt bis zu ihrem 30. Lebensjahr die Vertraute des Vaters. Einmal träumt sie:

Eine schöne Frau kommt bei ihnen zu Hause zu Besuch. Der Vater redet auf sie ein, läßt die Fremde nicht zu Wort kommen. Daraufhin geht die Frau ärgerlich davon. Marianne erzählt nun anderen Gästen, was sich zwischen dem Vater und dieser Frau zugetragen hat. Sie macht sich über die Fremde lustig und merkt es erschrocken erst nach einiger Zeit – da ist es längst zu spät, um ihren Spott noch zurückzunehmen: In diesem Traum hat sie sich deutlich über ihre Mutter gestellt, die schöne, fremde Frau, die vom Vater tot geredet und von ihr selbst lächerlich gemacht wird.

Übung: Mein Lieblingsmärchen

Welche ist Ihre Lieblingsgeschichte aus der Kindheit? Das kann ein Märchen, eine frei erfundene Geschichte, ein Lied mit Handlung o.ä. sein. Wenn Sie sich an den Inhalt nicht erinnern, lesen Sie die Geschichte – falls möglich – nach. Was hat Sie daran gefesselt? Machen Sie sich Notizen dazu und zu Ihrer Situation als Kind im Elternhaus.

3

Parentifizierung und Mißbrauch

Parentifizierung beginnt bereits dort, wo ein Elternteil das Kind auf seine Seite zieht und zum Mitwisser und Vertrauten macht: «Dein Vater ist ein böser Mann: Er tut mir Gewalt an!» Und: «Dein Vater ist ein Schlappschwanz!» Eine Mutter, die zur Tochter solche Sätze sagt, macht das Kind elternlos; ebenso die Mutter, die den Sohn zu ihrem Rang erhebt, indem sie ihn – direkt oder indirekt – um Schutz vor dem schlagenden Mann bittet; oder der Vater, der sich, von seiner Frau abgewiesen, die Tochter als Ersatz nimmt: als Vertraute und Begleiterin oder auch wie eine Geliebte. Gerade in Familien, in denen die Partnerschaft der Eltern zerbrochen ist und die beiden um der Kinder willen beisammen bleiben, sind die Kinder am stärksten durch die Möglichkeit eines Inzests gefährdet.

Vaters Liebling

Als Sonja (verheiratet, 40 Jahre alt) Kind und Jugendliche war, gingen ihr Vater und Großvater «an die Wäsche»; der Vater von ihrem elften bis zum 16. Lebensjahr. Sie sagte es niemandem, da sie dachte, das gehöre sich so. Sie erwog, ins Kloster zu gehen, vielleicht, um ihre «Sünden» abzubüßen.

Fast an jedem Sonntag, wenn die Mutter mit den Geschwistern in der Kirche war, schlich sich der Vater zu ihr ins Bett. «Wenn du etwas ausplauderst, muß ich mich umbringen», sagte er zu ihr.

Später war er krankhaft eifersüchtig auf jeden ihrer Freunde. Am schlimmsten spielte er sich in dieser Hinsicht bei ihrer Hochzeit auf.

Sonja befand sich in großer Gewissensnot: Da der Vater als guter Katholik im Kirchenvorstand saß, war sie dem Pfarrer wohlbekannt. Wie hätte sie da ihre Sünden wider das sechste Gebot beichten können, ohne den Vater zu verraten – der sich daraufhin, wie er immer wieder versicherte, das Leben nehmen würde?

Mitschuld der Mütter

Wenn der Vater die Tochter sexuell mißbraucht, wissen die Mütter meist davon – und schweigen. So laden sie schwere systemische Schuld auf sich, da sie ihr eigenes Geschlecht im Stich lassen. Weil sie keine Sexualität mit dem Mann wollen, dulden sie lieber den Mißbrauch oder schieben dem Mann gar die Tochter zu. Hin und wieder kommt es sogar vor, daß die Mutter mitmacht bei sexueller Kindesmißhandlung, wie dies bei einigen Gerichtsprozessen in jüngster Zeit wieder an den Tag kam.

Als Sonja 14 Jahre alt war, kaufte die Mutter ihr ein durchsichtiges Nachthemd und bestand darauf, daß die Tochter es dem Vater vorführte.

Als erwachsene Frau träumte Sonja später: Wenn sie mit

ihrem Mann sexuell intim war, erschien die Mutter und sah dem Beischlaf zu.

Mißbrauch und Bulimie

Ein weiteres Beispiel: eine Frau, auch sie als Kind parentifiziert und sexuell mißbraucht, deren Not sich unter anderem als Bulimie (Eß-/Brechsucht) manifestierte.

Soweit sich Anna (verheiratet, 36) erinnern kann, war die Ehe ihrer Eltern schlecht. Den Vater, den sie geliebt habe, schildert sie als gewalttätig und unberechenbar, aber auch als liebevoll. Aus Angst vor ihm habe sie sich in der Kindheit manchmal «in die Hosen» gemacht. Ihre Mutter beschreibt Anna als streng: Sie schlug viel, machte Vorwürfe und flößte Schuldgefühle ein.

Bulimie statt Seelennahrung

Als junge Frau litt Anna jahrelang an Bulimie. Die Dynamik dieser Krankheit bei ihr: Die Mutter verlangte, daß die Tochter nur von ihr nahm, nicht vom Vater. Daraufhin «fraß» die Tochter demonstrativ: «Sieh nur, Mutter, ich nehme nur von dir – und so reichlich, daß es mir nicht guttut!» Anschließend ging sie nach draußen und erbrach sich – für den Vater. Bulimie diente hier als Ersatz für Seelennahrung, also für wärmende Geborgenheit, Zuwendung und Liebe. Überdies hängen Kinder, wie gesagt, immer dem schwächeren Elternteil an.

Um ein wenig Liebe zu bekommen, zerriß sich Anna förmlich für die Mutter, den Vater, die Geschwister. Trotzdem wurde sie nie ernstgenommen. Nur wenn sie zusammenbrach, schreiend und tobend, wurde sie für kurze Zeit beachtet. Sie fühlte sich energetisch ausgebrannt und seelisch ausgeliefert.

In ihren Träumen erschienen ihr Vampire, die mit sexueller Lust an ihrem Hals saugten. Bei einer Rückführung in die Kindheit tauchte diese Szene vor ihrem inneren Auge auf: Der Vater hielt sie mit beiden Händen am Hals. Dabei befand er sich, wie um nicht erkannt zu werden, in ihrem Rücken: Er hob sie hoch, sie zappelte in der Luft; Anna spürte den Schmerz, aber auch masochistische Lust dabei.

Therapeut: «Warum tut er das?»

Anna: «Ich bin die einzige, die ihn versteht in seinem Leid, mit seinem schwierigen Charakter. Jetzt wird er wieder schuldig an mir, aber ich leide gern.»

Therapeut: «Das ist die Macht der Unschuld.»

Anna schweigt, dann: «Ja, es ist die Macht. Ich spüre sie!»

Therapeut: «Die Macht der Unschuld ist viel schwerer aufzulösen als die Macht der Schuld.»

Nun wandte sich Anna ihrem Vater zu. Es fiel ihr sehr schwer, die folgenden, vom Therapeuten ihr in den Mund gelegten Sätze auszusprechen: «Vater, ich bin deine Tochter. Ich bin dein Kind. Ich brauche dich, Vater.»

Daraufhin ließ der Vater sie los und brach zusammen.

Therapeut: «Nun wirf dich vor ihm nieder und sprich: ‹Vater, ich habe es gern für dich getan. Du bist groß und ich bin klein. Du gibst und ich empfange. Nimm mich in deinen Arm.›»

Da richtete sich der Vater auf, wurde groß, stark und klar und nahm seine Tochter in den Arm.

Bilder des Mißbrauchs

Eine Woche später berichtet Anna von inneren Bildern – Erinnerungen –, die in ihr aufgestiegen seien.

Das erste Bild: Sie war zwischen eineinhalb und drei Jahren, und sie spürte große Finger in ihrer Vagina. Und das zweite Bild: Als sie fünf bis sechs Jahre alt war, zeigte sie ihrem Vater in der Nähe ihres Geschlechtes ein Muttermal, das sie beängstigte. Daraufhin fühlte sie sich schuldig.

Wie alle Mißbrauchsopfer fühlte auch sie sich verängstigt und abgestoßen und zugleich angezogen und fasziniert. Da sie mit niemandem über diese Erlebnisse sprechen konnte, drückte deren Last spürbar nach innen.

Ein Traum begleitete diese aufgetauchten Erinnerungsbilder: Ein Mann, der behindert und krank ist, stellt sich zur sexuellen Vereinigung zur Verfügung; ein Arzt hilft dabei. Als Anna dann doch nicht verfügbar sein will, wird sie von einer Tante getröstet: Der Mann müsse etwas bekommen; dazu sei sie verpflichtet. Daraufhin fällt Anna in ein Wirrwarr von Gefühlen. (Der Traum deutet möglicherweise darauf hin, daß Verwandte über den Mißbrauch des Vaters an der Tochter Bescheid wußten.)

Die «Macht des Geheimnisses»

Aufgrund ihrer Träume und der in Rückführungen aufgetauchten Bilder begann Anna nun vieles aus ihrer Kindheit und Jugend zu begreifen: Das Erbrechen in der Bulimie erinnerte sie an das «Kotzgefühl», wenn sie als Zwei- oder Dreijährige auf Vaters Arm oder Schoß saß – nach dem Mißbrauch. «Zerstört» saß sie dort, «isoliert» und «der Hoffnung beraubt». Dazu malt sie ein Bild: Am Himmel glüht und brodelt die Sonne; eine riesige Welle, die «Macht des Geheimnisses», türmt sich vor ihr auf.

Weitere Erinnerungsbilder: der Vater als Sündenbock der Familie. Als sie ihn weinen sah, traf dieser Anblick sie zutiefst. Da schlug er auf sie ein, weil sie ihn ertappt hatte, und wohl auch als Ersatz für die Mutter, die er haßte. Obwohl die Schläge sehr schmerzten, tröstete Anna den Vater – aus Liebe.

Solange sie in der Therapie versuchte, all dieses Leid und die schmerzlichen Verstrickungen auszuklammern, mußte sie durch die Hölle gehen – bis hin zu dem Gedanken, sich das Leben zu nehmen. Nun aber, nachdem sie es noch einmal angeschaut hat, fühlt sie sich von dem Leid befreit.

Noch eine wichtige Anmerkung: Kinder, die zu Opfern sexuellen Mißbrauchs durch den Vater und zudem zu Opfern der Mutter, die sie nicht schützte, werden, erfahren meist noch ein weiteres Leid: Aus Schuldgefühl lehnen die Eltern gerade diese Kinder ab.

Mütter, die ihre Söhne mißbrauchen

Sexueller Mißbrauch des Sohns durch die Mutter kommt vermutlich weitaus häufiger vor, als er in den Therapien aufgedeckt wird. Der ausgeführte Mißbrauch der Tochter durch den Vater läßt sich in den meisten Fällen eindeutig feststellen; dagegen bleiben Mißbräuche von Söhnen durch Mütter oft unklar, uneindeutig, und ihre Spuren sind oft schwer aufzufinden. Entdeckt werden sie oftmals wie zufällig – wobei es auch hier sicherlich Ausnahmen gibt.

Ich erinnere mich an etliche Klienten, die mit Bezug auf die Mutter Bilder mit weiblichen Körperteilen malten, oftmals recht chaotische Konglomerate: Hier ein nacktes Bein, das hinter einem Vorhang hervorlugt; dort eine anonyme Brust; ebenso fragmentiert schwellende Kußlippen oder modisch bekleidete, wohlproportionierte Hüften und Hinterteile.

Peter (ledig, 45) erlebt während einer Initiatischen Atmung den Schock seines Lebens: Er sieht sich im Alter von zwei Jahren mit seiner Mutter spielen, die ihm breitbeinig gegenüber saß, so daß er ihr Geschlecht sah. Peter ist außer sich und zutiefst erschüttert, da er ein so eindrückliches Bild nie erwartet hätte.

Die Folgen dieses frühen Erlebnisses: unglücklich verlaufende Partnerschaften; in Beziehungen erpreßbar; fast immer mehrere Frauen zur gleichen Zeit; unfähig, die geliebte Frau, die ihn heiraten möchte, sexuell zu begehren; Beziehungen, die immer wieder in Streit und Frust, Verzweiflung und Ohnmacht enden.

Übung: Mein Platz in der Herkunftsfamilie

1. Wie war die Tischordnung zu Hause in Ihrer Familie?
2. Finden Sie den Ihnen gemäßen Platz in Ihrer Herkunftsfamilie, im Kreis Ihrer Geschwister (wozu auch totgeborene und früh verstorbene Geschwister gehören).

Beispiel: Vater und Mutter stehen vor den Kindern, einander leicht zugewandt. Die Kinder stehen auf den ihnen gemäßen Plätzen, entsprechend der Reihenfolge der Geburten: ganz rechts das älteste, ganz links das jüngste Kind.

4

Das verlorene Zuhause

Wenn die Mutter fehlt (durch Scheidung oder Tod, oder auch gefühlsmäßig abwesend durch Depression), ist das Zuhause gefährdet. Doch ebenso können Kinder ihr bergendes Zuhause verlieren, wenn die Eltern ständig miteinander streiten – offen oder, schlimmer noch, in unausgesprochener Fehde, so daß eine tödliche Hochspannung entsteht. Darunter leiden die Kinder, und die schwächsten werden zu Katalysatoren: Sie nehmen Streit und Spannung auf und werden krank. Mögliche Folgen: Aggressionen, Allergien, massive Probleme bei der Ablösung von den Eltern, Asthma, Epilepsie und andere Krankheiten mehr.

Manchmal laufen Kinder schon mit drei Jahren von zu Hause weg und fragen Fremde auf der Straße: «Nimmst du mich mit zu dir nach Hause?» Und manch einer sucht sein ganzes Leben lang nach einem Zuhause.

Waisen und Adoptivkinder

Im Hinblick auf mögliche systemische Verwirrung und hieraus resultierendes Leid müssen wir unterscheiden zwischen Kindern, die ihre Eltern durch Tod verloren haben, und solchen, die von den Eltern weggegeben (Adoption) bzw. ihnen weggenommen wurden (Zwangsadoption, etwa in der ehemaligen DDR).

Vollwaisen, die adoptiert werden, können auf diese Weise ein gutes Ersatzzuhause finden, nachdem sie ihre leiblichen Eltern schicksalhaft verloren. Dagegen sollte man weggegebene, also zur Adoption freigegebene Kinder nur dann adoptieren, wenn es um dieser Kinder willen geschieht; andernfalls entwürdigt eine Adoption die übergangenen leiblichen Eltern. Eine solche im systemischen Sinn unrechtmäßige Adoption bürdet den Beteiligten Schuld auf, die im Familiensystem gesühnt werden muß – nicht selten dadurch, daß die Adoptiveltern ein eigenes leibliches Kind verlieren: Dann ist der Ausgleich wiederhergestellt und die systemische Schuld abgebüßt.

Das innere Elternbild

Stets tragen adoptierte Kinder – auch solche, die ihre Eltern bei der Geburt verloren haben – ein inneres Elternbild mit sich: Das wirkt weiter. Erfahrungsgemäß spüren Adoptivkinder etwa um das achte Lebensjahr herum, daß die Eltern, bei denen sie aufwachsen, nicht ihre leiblichen Eltern sind. Und gerade die abwesenden Eltern schaffen – wie wir bereits in verschiedenen Zusammenhängen sahen – den Kindern die größten Probleme.

Denn viele adoptierte Kinder, die den Verlust der Eltern nicht verarbeitet haben, sind böse auf Vater und Mutter, weil die gegangen sind oder sie weggeben haben. Auch hier gilt: Den Groll auf die Eltern bekommen einmal die Partner ab, wenn er nicht vorher verarbeitet wird.

Bei Halb- oder Vollwaisen gelingt die Lösung letztlich dadurch, daß die Kinder sich vor dem Schicksal der Eltern verneigen und für das große Geschenk des Lebens danken. *Letztlich* meint auch hier, daß Schmerz und Schuldgefühl, Angst und Wut, Haß, Groll und starke Trauergefühle vorhanden sind und allesamt erst entlassen werden müssen, damit die Lösung möglich wird.

Konkurrenz zwischen Adoptiv- und leiblichen Eltern

Wenn die leiblichen Eltern eines Adoptivkindes noch leben, sollte dieses ihnen den gebührenden Platz in seinem Herzen geben – auch über den Tod der leiblichen Eltern hinaus. Solange Erinnerung an einen Menschen besteht, ist er im System lebendig und fordert seinen Platz.

Das sollten auch Adoptiveltern bedenken, die manchmal besser sein wollen als die leiblichen Eltern und auf diese Weise systemische Verwirrung stiften: Adoptivkinder identifizieren sich immer mit den leiblichen Eltern. Werden diese von den neuen Eltern schlechtgemacht, so glauben die Kinder, daß auch sie selbst schlecht seien.

Abtreibung und systemische Schuld

Abgetriebene Kinder verlieren ihr Zuhause im elementarsten Sinn: Sie werden aus dem Mutterbauch und zugleich aus dieser Welt vertrieben.

Zeugt oder empfängt ein Ehepartner außerhalb der Ehe ein Kind, und wird dieses Kind abgetrieben, dann ist in der Regel die Ehe dieses Paares beendet. Ebenso, wenn innerhalb der Ehe ein Kind abgetrieben wird – es sei denn, die Eheleute werden sich ihrer Schuld bewußt und empfinden Schmerz über den Verlust des ungeborenen Kindes.

Die systemische Schuld, von der hier die Rede ist, sollte nicht mit moralischer Schuld verwechselt werden, für die der Therapeut nicht zuständig ist: Mir geht es um den Ausgleich von Schuld und Unschuld im systemischen Sinn. Denn wie die Erfahrung lehrt, werden Frauen, die vor oder in Beziehungen oder in der Ehe mehrere Kinder abtreiben lassen, oftmals sehr krank. Erst wenn die Frau ihren Teil der Schuld übernimmt – und das sind hundert Prozent –, kann sie wieder gesund werden. Ebenso muß der Mann seine Schuld übernehmen, die gleichfalls hundert Prozent beträgt, wenn er mit der Abtreibung einverstanden war.

Die Kraft der guten Elternschaft

Viele Kindheitserinnerungen sind tendenziös: 20 Jahre lang haben die Eltern für die Kinder gesorgt – und dann kommen die wegen einer Handvoll Traumata zum Therapeuten. Ich pflege dann zu sagen: «Das ist nicht genug für eine Therapie.» Man muß auch die Kraft und Disziplin aufbringen können, die Vergangenheit auf sich beruhen zu lassen: Nur Kamele fressen das Gras ab, das über eine Sache gewachsen ist.

Das Schlimmste, was einem Kind widerfahren kann, ist der Tod der Mutter bei oder unmittelbar nach der Geburt. Aber auch diesem Kind bleibt das größte Geschenk der Eltern: das Geschenk des Lebens. Wir können es an unseren Eltern nie wiedergutmachen, aber jedes Kind kann es eines Tages weitergeben an die eigenen Kinder, ob diese nun aus Fleisch und Blut sind oder geistige Geschöpfe ihrer Kreativität. Alles übrige, was wir von den Eltern erfahren haben – Gutes wie Schlechtes – ist demgegenüber sekundär.

Geht es den Eltern gut, so geht es auch den Kindern gut. Das setzt voraus, daß Vater und Mutter ihre aus den Ursprungsfamilien übernommenen Wertsysteme aufgeben und sich auf ein neues Wertsystem einigen. Dem folgt dann auch das Kind gern. Bleibt diese Einigung aus, so übernimmt das Kind vordergründig das Wertsystem des «Siegers», folgt aber insgeheim den Werten des schwächeren Elternteils.

Das Kind fühlt sich angenommen und geliebt, wenn die Eltern in dem Kind ihren Partner und sich selbst achten. Heilsam ist die Dynamik der Beziehungen dann, wenn die Liebe des Vaters zur Tochter den Umweg über seine Frau und die der Mutter zum Sohn den Umweg über ihren Mann geht.[57]

Und wohl und sicher fühlt sich das Kind, wenn Vater und Mutter eine gute Partnerbeziehung pflegen. Das ist immer wieder der Schlüsselsatz für ein gutes Zuhause: Aus der guten Paarbeziehung fließt die Kraft der guten Elternschaft.

Übung: Liebestest für Paare

Bitten Sie Ihren Partner bzw. Ihre Partnerin, sich hinter Sie zu stellen und Sie aufzufangen. Haben Sie Vertrauen und können sich – buchstäblich – fallen lassen?

Testen Sie sich, und wenn ja, so lassen Sie sich vertrauensvoll fallen. Wenn nicht, sollten Sie Ihre Paarbeziehung prüfen: Ist da noch Liebe oder nur noch gemeinsam erlebtes Leid, das Sie aneinander bindet?

Wird die Liebe noch vollzogen (in der Sexualität)? Wenn ja, dann ist Verlaß darauf. Wenn nein: Welche Ängste, welche Überlegungen halten Sie und Ihre Partnerin bzw. Ihren Partner zusammen?

5

Echte und angemaßte Schuld[58]

Im System verstricken wir uns aus Liebe und Loyalität gegenüber unserer Sippe. Unbewußt übernimmt das Kind von seinen Eltern eine Schuld, die es stellvertretend abbüßt. So kann sich ein Kind schuldig fühlen gegenüber all denen, die den Platz, der ihnen im System zustand, nicht fanden und ausgeklammert oder verstoßen wurden:

- gegenüber vertuschten, weggegebenen, untergeschobenen Kindern;
- bei Krankheit und Tod der Eltern sowie bei Scheidungen;
- gegenüber totgeborenen oder früh verstorbenen Geschwistern;
- bei Krankheit und Tod von Geschwistern der Eltern;
- gegenüber sonstigen Entwürdigten: nicht geheirateten Verlobten; «schwarzen Schafen»; Müttern, die im Kindbett starben; adoptierten Kindern u.a.m.

Wer zum System gehört, muß seinen Platz bekommen, sonst werden die anderen – auch aus folgenden Generationen – krank oder anderweitig von Unheil verfolgt. Da mißlingt dem Verstrickten, was er auch anpackt; er findet keinen Partner, oder Erfolg und Glück zerrinnen. Sucht ein Leiden den Betreffenden heim, so kann es ihn das Leben kosten – und während dann viele von «Schicksal» reden, handelt es sich in Wahrheit um Verstrickung im System, die wir aus eigener Kraft bereinigen könnten. Bei der systemischen Schuld unterscheiden wir zwischen echter und falscher («angemaßter») Schuld. Letztere liegt vor, wo aus einem schicksalhaften Ereignis Schuld gezogen wird; z. B. bei Müttern, die im Kindbett, bei Geschwistern, die im Mutterleib sterben. Dennoch wirkt die falsche in der Konsequenz wie echte Schuld.

Echte systemische Schuld

Die echte Schuld wird von den Schwächsten übernommen, von den Kindern also, die sie gerne auf sich laden: aus Liebe und Loyalität, Hochmut und Anmaßung oder aus Mitleid. Denn das höchste Glück des Kindes ist es, seiner Sippe anzugehören, und dafür opfert es auch sein Glück und selbst sein Leben.

So regiert in allen Menschen ein «Systemgewissen», das uns anhält, Schuld auf uns zu nehmen. Es wirkt wie ein innerer Gleichgewichtssinn: Ist jemandem Unrecht widerfahren, muß ein Nachkomme dafür büßen, damit die Bilanz von Schuld und Unschuld wieder ausgeglichen ist.

Demnach können wir die obige Liste möglicher Schuld um die entsprechende Sühne ergänzen, die den Ausgleich im System herstellt:

- Wird ein außereheliches Kind vertuscht und darf nicht bei seinen Halbgeschwistern aufwachsen, so kann ein eheliches Kind dieser oder der folgenden Generation dafür mit Krankheit oder Tod büßen;
- sind Eltern, Geschwister oder Großeltern krank oder früh verstorben, so wagt es ein Kind nicht, Glück und Leben voll zu nehmen: Es sühnt mit gleichem Unglück;

- wird ein Onkel oder Großvater als «schwarzes Schaf» gebrandmarkt, so wird ein nachfolgender Neffe oder Enkel als Trinker, Stadtstreicher oder sonstwie Geächteter enden – selbst dann, wenn er den Vorfahr gar nicht persönlich kannte;
- heiratet ein Vater seine Verlobte nicht, sondern schickt sie weg, so wird auch seine Tochter keinen Mann finden.

Dieses System ist jedoch auch schon zwischen Kind und Eltern wirksam. «Ich darf nicht glücklicher werden», sagt sich das Kind, «als meine Eltern es waren.» Mißglückte also die Ehe der Eltern, wird das Kind dafür sorgen, daß auch seine eigene Ehe mißrät. Dieser Zwang zur Wiederholung wird nicht gebrochen, indem das Kind sich vornimmt: «Ich will nicht so werden wie die Eltern» – denn dann, wie gesagt, ist es längst zu dem geworden, was es am heftigsten abzulehnen glaubt. Ebenso gelingt die Ablösung nicht, wenn das Kind bei sich schwört: «Ich zeige meine Liebe, Mutter, indem ich so krank werde wie du.» Vielmehr sollte das Kind – hier wie dort – durch diese rituellen Worte Abschied nehmen: «Im Andenken an euch, liebe Eltern, lebe ich zufrieden und manchmal auch glücklich.»

Falsche systemische Schuld

Dagegen handelt es sich um «angemaßte» systemische Schuld, wenn eine Mutter etwa bei oder unmittelbar nach der Geburt des Kindes stirbt und der Vater sich an ihrem Tod schuldig fühlt, weil er diesen durch die Zeugung scheinbar verursacht hat. Wenn der Mann nochmals heiratet, kann es geschehen, daß auch seine zweite Frau sich schuldig fühlt, da sie auf Kosten der ersten Frau ihren Mann bekam. Auch das wäre falsche – angemaßte – Schuld: Schließlich hat die zweite Frau den Tod der ersten weder herbeigeführt, noch hätte sie ihn verhindern können. Und doch werden aus solchen Schuldgefühlen heraus bis heute Kinder «dem lieben Gott geopfert», werden also Nonne, Mönch oder Pfarrer.

Systemische Aufarbeitung

Demnach gibt es zwei sichtbare Möglichkeiten, systemische Schuld aufzulösen (andere Lösungsmöglichkeiten entziehen sich der therapeutischen Intervention, zum Beispiel das *Prinzip Gnade*):

- durch ausgleichendes Leid (Schuld in der einen, Sühne in einer folgenden Generation);
- durch systemische Aufarbeitung, also durch Würdigung der bis dahin im System ausgeklammerten Personen.

Bei systemischer Aufarbeitung erhalten all jene, die zum System gehören, ihren rechtmäßigen Platz. Das betrifft zum einen das Ursprungssystem, die *Herkunftsfamilie,* aus der man kommt: man selbst und seine Geschwister, Vater und Mutter, die Geschwister der Eltern, die Großeltern und manchmal auch die Urgroßeltern; außerdem alle, die ausgeklammert wurden, aber doch dazugehören:

- verheimlichte vor- oder außereheliche Kinder,
- im Krieg Gefallene,
- früh durch Krankheit oder Unfall Verstorbene,
- unrechtmäßige Adoptionen,
- verstoßene Verlobte usf.

Da Kinder die Eltern nachahmen, sind in der Ursprungsfamilie die Strukturen für die *Gegenwartsfamilie* bereits angelegt. Auch in dieser Familie – dem System aus eigener Partnerschaft und der daraus entstandenen Kinder – wird bei der systemischen Aufarbeitung die Ordnung wiederhergestellt, wobei hier auch die Abtreibungen zählen.

Diese rechte Ordnung existiert in jedem von uns; allerdings ist sie heute meist verschüttet. Durch systemisches Stellen in den Aufarbeitungsgruppen und durch Korrektur dessen, was in Unordnung und Verwirrung geraten war, spüren die Klienten schnell die Wahrheit und den Sinn dieser Strukturen. – Ein Beispiel:

> Ein Klient hatte große Angst, daß sich beim systemischen Stellen seine Ehe als beendet erweisen könnte, weil er über Jahre eine Geliebte hatte. Die Stellung ergab jedoch, daß seine Frau auch weiter zu ihm stand, da er den außerehelichen Ausflug bereits beendet hatte. Dieser Befund erleichterte ihn; er sagte aber zum Therapeuten, daß er noch immer diesen unerklärlichen Zwang spüre, zu anderen Frauen zu gehen.
>
> Daraufhin stellte der Therapeut die Ursprungsfamilie des Klienten, und es kam ans Licht, daß schon der Vater 20 Jahre lang mit seiner Sekretärin ein Liebesverhältnis und ihr nebenan ein Haus erbaut hatte, so daß sie in der Familie ein- und ausging.
>
> Als die Sekretärin beim Stellen aus dem System herausgenommen wurde, die Ordnung also wiederhergestellt war, sagte der Klient zum Therapeuten: «Jetzt ist der Druck, zu anderen Frauen zu gehen, verflogen.»

Identifikation mit Ahnen

Bei der systemischen Aufarbeitung sollte überdies geprüft werden, ob sich das Kind mit einem Vorfahr in seiner Ahnenreihe identifiziert, der voller Leid lebt oder in Leid verstorben ist: Durch solchen Ausgleich versucht der Betreffende, dem Vorfahren nachträglich zu seinem Recht zu verhelfen – wiederum getrieben von einer Kinderliebe, die an Erlösung wie im Märchen glaubt. Aber diese Liebe nützt niemandem, da sie nur neues auf altes Unglück häuft. Dennoch sollte auch sie gewürdigt und eine Lösung versucht werden, die dem Ahnen sowohl wie dem Kind guttut. «Ich verneige mich vor deinem Schicksal», sollte das Kind zu seinem Vorfahren sagen, «vor deinem Leben und deinem Tod. Und im Andenken an dich und mit deinem Segen lebe ich mein Leben für die Zeit, die mir geschenkt ist. Dann komme ich auch.»

Durch einen solchen Abschied wird das im System verstrickte Kind frei und kann sein eigenes Leben meistern.

Übung: Mein Stammbaum

Gibt es in Ihrer Sippe Kranke oder früh Verstorbene, Gefallene oder anderweitig Ausgeklammerte (vertuschte Kinder, Verschollene, Ausgewanderte)? Gibt es weitere nicht Gewürdigte, wie etwa die nicht geheiratete Verlobte, im Kindbett verstorbene Mütter, eine erste Frau des Vaters, die früh verstorben ist, oder ein ähnliches Unglück?

Malen Sie einen Stammbaum, auch mit all den Ausgeklammerten, die ihren Platz bisher nicht einnehmen konnten. Geben Sie allen ein Symbol, gleichsam als Wappen; gedenken Sie ihrer wohlwollend und in Liebe.

Dann schauen Sie sich den Stammbaum in Ruhe an. Existiert in Ihrer Ahnenreihe ein Vorfahr, der Sie besonders anzog oder anzieht, etwa durch eine Geschichte von ihm, die Sie kennen? Vielleicht sühnen Sie aus Liebe für ihn: Gibt es einen Hinweis auf eine solche systemische Verstrickung? Wenn ja, wäre ein systemisches Stellen Ihrer Ursprungsfamilie mit einem Ritual der Auflösung sehr nützlich.

Auf den Punkt gebracht

- Die Verstrickung im System ist die dritte Ursache für menschliche Probleme. Mit Hilfe der Systemischen Familientherapie (v.a. nach Bert Hellinger) kann man sich aus solcher Verstrickung lösen.
- Wenn Kinder kein bergendes Zuhause haben, suchen sie sich Ersatzeltern in der magischen Welt der Märchen und Sagen oder in Mutter Kirche und Gottvater.
- Bei der Systemischen Therapie wird zuerst im eigenen Haus – in der Ursprungsfamilie – Ordnung geschaffen. Denn Probleme mit Eltern und Herkunft, die nicht bereinigt sind, bekommen nachher die Partner und die Kinder in der eigenen Gegenwartsfamilie ab. Hat man die Ordnung in der Herkunftsfamilie wiederhergestellt, so wirkt sich das heilend auf das Gegenwartssystem aus.
- Aus Liebe und Loyalität und um dazuzugehören, übernehmen Kinder oftmals die Sühne für Schuld der Ahnen oder identifizieren sich mit dem Unglück eines Vorfahren und leben es nach.
- Die Wirkung des Systemischen Stellens beruht darauf, daß der Handelnde (der sein System in Stellung bringt) die zum System gehörenden Personen so «plaziert», daß ein Energiefeld entsteht, aus dem heraus die beteiligten Darsteller authentisch sprechen und agieren. Stehen die Familienmitglieder falsch, wird die neue Ordnung gefunden: Jeder erhält den ihm gemäßen Platz.

Ausklang

Noch einmal sei betont, daß Therapie für mich nur dann sinnvoll und gültig ist, wenn auf Wahrnehmen und Erkennen auch Handeln und Gestalten als weitere Prozeßschritte folgen. Nachholend lernen wir, was wir einst versäumten; wiederbelebend eignen wir uns an, was einst verschüttet wurde, und übertragen diese neuen oder wiedergewonnenen Schätze in unseren Alltag. Der therapeutische Übungsraum – Do-Jo – wird so zu einem Laboratorium, in dem wir Kostbarkeiten der Kindheit wiederentdecken, angstvoll besetzte Lebenssituationen verwandeln, behindernde Lebensmuster ablegen können und wo unser Lebensskript bereinigt und um- oder neu geschrieben wird.

Seit etwa einem Jahrzehnt spielt in meiner Arbeit die Wiederentdeckung der Selbstliebe eine besondere Rolle – auch aus biographischen Gründen: In meiner Jugendzeit hatte ich wenige Menschen um mich, die mir Selbstachtung, Selbstwertgefühl und Selbstliebe vorlebten. Statt dessen gab es viel Abhängigkeit, Minderwertigkeit und falsche Bescheidenheit. Aber nur wer sich selbst liebt, kann auch andere lieben. Der folgende Satz ist mir sehr wichtig geworden:

> Daß es dem anderen gutgeht,
> rührt nicht so sehr aus der Sorge um ihn,
> als aus der Verantwortung für dich.

Doch Selbstliebe kann erst wirklich zünden und wirksam werden, wenn Schuld genommen ist und Schuldgefühle fallen, d.h., wenn der Mensch – wie Kain – immer aufs neue zu seiner

Schuld in Verantwortung steht. Wer unschuldig bleiben will, dem wird die Schlange der Erkenntnis zum Wurm im Apfel!

Solche Selbstverantwortung führt unweigerlich zu der Frage: Was mache ich aus meinem Leben, diesem gnadenvollen Geschenk auf Zeit? Denn eines Tages werden wir gefragt werden: *Was hast du aus deinem Leben gemacht?* Und wenn jemand dann sagen kann: Ich habe täglich gedankt und alles, was kam, in Demut zugelassen und in Mitgefühl dem Ganzen gedient – dann geht für ihn das Tor weit auf: Er hat sich dem Leben aufrecht gestellt.

Damit wir den Weg in die Tiefen und Höhen des personalen und transpersonalen Lebens meistern können, muß zunächst die gute Ablösung von den Eltern vollzogen werden. Diesen Punkt kann niemand umgehen; durch diese Pforte gelangt nur, wer kein Gepäck und keine Bürden mit sich schleppt, wer also seine Biographie angeschaut und aufgearbeitet hat. Dann stellen sich die Eltern segnend hinter ihn, die starke Ahnenkraft beflügelt ihn, und sein Weg für die eigentliche Lebensaufgabe ist frei.

Nichts und niemand kann die leiblichen Eltern ersetzen. Auch der liebe Gott und die Himmelskönigin sind kein besserer Vater und keine bessere Mutter als unsere eigenen. In Frieden lebten in der Geschichte immer diejenigen Völker, die ihren Ahnen in lebendiger Verehrung huldigten. Achten wir also unsere Vorfahren und fragen sie um Rat: Drüben sind sie Wissende.

Wenn Sie all dies geschafft haben, liebe Leserin und lieber Leser – was stünde einem zufriedenen und zuweilen auch glücklichen Leben noch im Weg?

Übung: Das Tao-Tau

Diese Übung dient zur Erdung und Zentrierung und hilft, die Überschwemmung unseres Bewußtseins mit Gedanken zu beenden.

Besorgen Sie sich ein etwa zwei Meter langes Tau mit einem Durchmesser von 4,5 bis 5 Zentimetern. Das Seil sollte sich in dem Zimmer befinden, in dem sie sich tagsüber am häufigsten aufhalten, damit Sie es jederzeit benutzen können.

Vorübungen

Rollen Sie erst die rechte, dann die linke Fußsohle quer zum Seil (rechtwinklig) über das ausgelegte Tau – vor und zurück, jeweils ein bis zwei Minuten.

Gehen Sie nun mit kleinen Schritten wiederum quer (Füße rechtwinklig zum Seil) über das ausgelegte Tau.

Durch diese Vorübungen werden die Akupressurpunkte des Fußes aktiviert und mit ihnen, über das Meridiansystem, der gesamte Körper. Außerdem wird die Sohle hierdurch «spürig» gemacht.

Übung

Setzen Sie den rechten Fuß – nun in Längsrichtung – auf das ausgelegte Tau, beugen das rechte Knie ein wenig und heben gleichzeitig die Arme über den Kopf. Die Hände befinden sich genau über dem Scheitel, die Handflächen – wie beim Beten, aber mit zehn Zentimeter Abstand – einander gegenüber. Lösen Sie nun den linken Fuß vom Boden und versuchen, allein auf dem rechten zu stehen. Mit Händen und Armen kann das Gleichgewicht ausbalanciert werden.

Anschließend wiederholen Sie diese Übung, indem Sie den linken Fuß auf das Tau setzen und den rechten vom Boden lösen.

Vollständig haben Sie diese Übung erst dann ausgeführt, wenn Sie während des Balancierens auf dem Tau einen kräftigen Ton aus dem Unterbauch hervorbringen (etwa wie beim Gesang buddhistischer Mönche). Dieser gutturale Ton fixiert Sie auf dem Tau, so daß Sie nicht schwanken.

Wenn Sie sowohl mit dem rechten als auch mit dem linken Bein ruhig auf dem Tau stehen können, beginnen Sie, darauf zu gehen – langsam schreitend, wie bei der Kin-Hin-Übung beschrieben (vgl. die Übung auf S. 54).

Anhang

Alle Übungen auf einen Blick

«Vanishing Twins» – weitere Fallbeispiele

Im folgenden stelle ich etliche weitere Fälle von Kain-Komplex vor: übersteigerte Schuldbereitschaft vor dem Hintergrund einer Todeserfahrung mit einem oder mehreren verstorbenen Geschwistern im Mutterleib.

Schwarze Madonna

Als erstes kommt die Klientin zu Wort, deren Fall ich im 2. Kapitel des III. Buchteils bereits erwähnt habe: Als ein Freund von ihr an Krebs erkrankt, wird sie von Schuldgefühlen überschwemmt und dringt in unangemessener Weise in die Familie des Kranken ein, um diesem seine Hilfe aufzuzwingen. Rückblickend schreibt die Klientin:

> Vor zirka drei Jahren erkrankte ein Freund von mir an Krebs. Ich hatte seit seiner Erkrankung, wie auch schon in der Zeit davor, wenig Kontakt zu ihm. Vor etwa einem Jahr begann ich von seinem Sterben zu träumen, und zwar mit einer Intensität und Klarheit, die mich erschreckten. In dieser Phase hatte ich Angst davor, ihn zu kontaktieren, da ich der Konfrontation mit seinem Tod ausweichen wollte. Es dauerte

> mehrere Monate, bis ich so weit war, ihn anzurufen und mich mit ihm zu treffen. (...) Nach diesem Treffen war ich vollkommen aus der Ruhe gebracht, die Gedanken schwirrten, und meine Reaktion verwirrte mich. Meine Gefühle waren durcheinander: Ich empfand so etwas wie Verliebtheit und zugleich den starken Drang, ihm aktiv beizustehen im Umgang mit seiner Krankheit.

Nach vorübergehender Beruhigung ihrer Gefühle besucht sie ihn abermals.

> Danach fing das Dilemma für mich erneut an, auch aufgrund der Tatsache, daß es ihm inzwischen drastisch schlechter ging. Ich kam in eine ganze Reihe von unangemessenen Gefühlen/Gedanken/Reaktionen:
> - Zunächst einmal der absolute Drang, ihn zu pflegen, alles hinzuschmeißen, nur noch für ihn da zu sein.
> - Ich gerate immer wieder in Panik, daß er sterben könnte, ohne daß ich mich von ihm verabschieden kann. Ich bin geradezu besessen von dem Wunsch, ihn bei seinem Sterben begleiten zu können.
> - Ich kann es fast nicht aushalten, daß ich nichts tun kann und er niemanden sehen will. Ich kann nicht verstehen, daß er nicht einmal mich sehen will.
> - Ich dringe in seine Familie ein, mische mich ein, anstatt die Sache ihnen zu überlassen.

Wieder träumt sie oft und intensiv von seinem Sterben. Sie fühlt sich «innerlich auf dem Sprung» ihm beizustehen, und ist kaum imstande, sich auf irgend etwas anderes einzulassen.

Außerdem erlebe ich in dieser Phase einige Einbrüche, wo ich aus voller Kraft in die vollkommene Schwäche und Energielosigkeit falle und in eine mir schon bekannte Sinnlosigkeit gerate. Extrem deutlich wird dies, als ich (...) seine Mutter anrief, um mich nach seinem Befinden zu erkundigen. Ich konnte während des kurzen Gesprächs beobachten, wie meine Stimmung von einer Minute zur anderen kippte und ich meine Energie verlor, als hätte man einen «Stöpsel» herausgezogen. Danach war ich todtraurig, wollte nur noch heulen und war nicht mehr in der Lage, meine Dinge zu tun.

Bei der morgendlichen Meditation «erscheinen» ihr dann ihre beiden Geschwister aus dem Mutterleib, und sie spricht zu ihnen die in der Therapie gelernten Lösungssätze: «Auch wenn ihr geht, ich bleibe ...», woraufhin es ihr langsam wieder besser geht.

Ich erlange wieder eine gewisse Klarheit und komme zurück zu mir. Dabei wird mir rückblickend klar:

- Ich habe mich in den Tagen zuvor in einem Schockzustand befunden, wie ich ihn im Mutterleib erlebt habe.
- Für mich geht es in dem Zusammenhang darum, die Fülle in mir und um mich herum nicht nehmen zu können und mir nicht zu erlauben, glücklich zu sein. Der Satz «Mir darf es nicht besser gehen als den anderen!» sitzt sehr tief und ruft immer wieder starke Schuldgefühle hervor. Diese Schuldgefühle – der Drang, etwas wiedergutmachen zu wollen – führen zu diesen unangemessenen Reaktionen in Zusammenhang mit dem Leiden meines Bekannten.

- Ich habe große Probleme, etwas für mich zu tun. Richtig gut geht es mir, wenn ich für andere aktiv werden kann, selbst wenn es mir die letzten Kraftreserven abverlangt. Dabei habe ich das Gefühl, eine «Lebensberechtigung» zu haben.

Die Klientin nimmt in der Folge an dem Wochenendseminar «Das Reinigen der Erinnerung» teil, das ihr die Lösung bringt:

Für mich geht es darum, mir die schmerzlichen Bilder zum Abschied meines Zwillingsbruders nochmals anzusehen. Ich spüre einen Widerwillen dagegen und ein «Kleben» an der guten Zeit mit meinem Bruder, der ozeanischen Zeit mit ihm. «So schön wird es nie mehr!»

In der initiatischen Tiefenatmung bekomme ich migräneartige Kopfschmerzen, große Übelkeit und Würgen; meinen Körper nehme ich als einzigen Schmerz wahr. Über den Schmerz gerate ich an eine riesengroße Trauer, endlich kann ich sie zulassen, was ich als große Erleichterung wahrnehme. Ich klage um den so schmerzlichen Verlust und spüre, daß ich diesen Schmerz, diese Trauer immer zurückgehalten habe. Ich bin sehr berührt durch das Geschenk in dieser Atmung; der Erfahrung, wie nah Trauer und Freude zusammenliegen. Sie sind von derselben Essenz. (...)

Als ich wieder anrufe, um mich nach dem Befinden meines Bekannten zu erkundigen, bin ich berührt, da die Nachrichten nicht gerade gut sind. Diesmal kann ich aber bei mir bleiben und bekomme eine Ahnung, daß ich die Dinge so sein lassen kann, wie sie sind. (...)

Für mich gilt es zu üben:

Halte dich raus aus nicht eigner Bürde,
so bleibst du sauber im Kopf
und läßt andern die Würde.
(Norbert J. Mayer)

Doppelte Todesbegegnung

Die Klientin Marlies (vgl. hierzu die farbigen Abbildungen 18–28, Bildteil Buchmitte) war bei der ersten Rückführung in den Mutterleib bereits ihrem Bruder begegnet, der im dritten Schwangerschaftsmonat verstorben war. Bei nochmaliger Rückführung macht sie jedoch eine weitere, zunächst schokkierende Erfahrung:

> Ich entdecke, daß ich nach dem Absterben meines Zwillingsbruders nicht alleine bin. Da ist noch eine Schwester mit mir in der Fruchtblase.
>
> Im vierten Monat der Schwangerschaft stirbt auch sie, und zwar auf schreckliche Weise: Sie erdrosselt sich an der Nabelschnur. Ich bin verwirrt, habe Angst, der Schrecken ihres Anblicks fährt mir in die Glieder. Sie baumelt einige Tage vor meinen Augen, wird langsam schwarz und fällt irgendwann nach «unten», wo sie als «Häufchen» liegenbleibt. Das Fruchtwasser ist dunkelgrün verfärbt und riecht modrig. Mir ist gruselig, und ich kann gar nicht richtig trauern, so geschockt bin ich. Sie starrt mich ständig aus einem schwarzen, verwesenden Schädel mit großen schwarzen Augen an. Ich habe Angst, will nicht wachsen, mich bewegen, da ich dann näher an sie heran müßte. Wenn ich mich bewege, wird das «Häufchen» mit dem Fruchtwasser aufgewirbelt und berührt dann meinen Körper, was ich gar nicht mag.

Unweigerlich wachse ich dennoch. Als es immer enger wird und ich kurz vor der Geburt stehe, liegt das «Häufchen» vor dem Muttermund. Der Therapeut legt mir daraufhin folgenden Satz in den Mund: «Liebe Schwester, wenn ich geboren bin, zeige ich dir die Welt, und jetzt laß mich bitte vorbei!» Als ich das gesagt habe, wird mir leichter, obwohl die Leiche durch meinen Druck platzt, was ganz furchtbar für mich ist. Dennoch erlebe ich mich im Geburtskanal nicht in der sonst gewohnten Panik. (...) Als ich draußen bin, liege ich mit großen Schmerzen alleine da.

Im folgenden werden noch einige Fälle aus der Praxis meiner Frau Hildegard Nora Henke-Mayer geschildert, die ebenso wie ich im *Zentrum Metafor*[59] praktiziert. Die Namen der Klientinnen und Klienten sind auch hier, wie in allen zitierten Fällen, geändert.

Abschied vom Bruder

Die Themen dieser Klientin namens Susanne: Rückenschmerzen, keine Partnerschaft; alleinlebend, keine Kinder. Auffällig war eine gepreßt steife Haltung des Oberkörpers; ihre linke Seite wies wenig Energie auf. Ein weiteres Problem: die Haßliebe zu ihren Eltern, vor allem zum Vater, an der sie arbeiten wollte.

Durch die Therapiebegleitung lösten sich bei ihr traumatische Ereignisse aus der Kindheit auf. Ihre Rückenschmerzen schwanden, auch begünstigt durch eine körpertherapeutische Ausbildung, die sie parallel absolvierte.

Susannes zweites Problem – einen Partner zu finden – blieb

jedoch weiterhin ungelöst. Dabei hatten wir viel an ihrer Vaterbeziehung gearbeitet, so daß sie nun für eine Partnerschaft hätte frei sein müssen. Überdies fiel es ihr immer noch schwer, ihr Leben wirklich ganz anzunehmen, also vorbehaltlos «ja» zu sagen. Irgend etwas war noch nicht gelöst worden. Wir vereinbarten, eine Rückführung in den Mutterleib und die Zeit vor der Konzeption durchzuführen:

«Es ist weit», berichtet Susanne aus der Phase vor der Inkarnation, «warm und weich hier, ganz hell, wie ein Paradies. Hier ist es gut, aber etwas schiebt mich, andere sind auch da. Ich habe viel Achtung vor dem Licht.» Sie wehrt sich dagegen, auf die Erde zu kommen, und wird regelrecht geschoben. Endlich rutscht sie, «wie auf einer Rutschbahn», in den Mutterbauch. Im Mutterleib ist es dunkel. Sie findet sich in einer «Kugel» wieder, die sich schleimig anfühlt. Nach einigen Tagen sieht sie sich um und erkennt links von sich eine weitere «Kugel». «Das andere lebt und ist männlich: ein Bruder! Es ist ein guter Kontakt zu ihm.»

Doch nach einer Woche beginnt sich die Nachbarkugel abzuschnüren: Der Bruder bekommt keine Nahrung mehr. Er ist auch kleiner als sie. Ehe er stirbt, sagt er zu ihr: «Der Platz reicht nur für einen, und ich gehe jetzt, damit du bleiben kannst. Ich habe dich nur ein Stück begleitet, da du nicht allein in den Mutterleib gehen wolltest.»

Sie will nicht, daß er geht, ist traurig; doch nach kurzer Zeit ist von dem Körper an der abgestorbenen Nabelschnur nur noch ein kleiner Rest vorhanden. Es fällt ihr schwer, nun den größer gewordenen Platz im Mutterleib einzunehmen. Diese Hemmung kennt sie auch aus ihrem späteren Leben: Sie bekommt Schuldgefühle dabei.

> Zugleich spürt sie, daß der Bruder umsonst gestorben wäre, wenn sie seinen Platz nicht einnehmen würde.
>
> Ihr Körper ist ganz zusammengezogen; sie atmet kaum. Auf mein Anraten hin beginnt sie zu atmen. Ich gebe ihr folgenden Satz: «Lieber Bruder, damit dein Tod nicht umsonst gewesen ist, nehme ich diesen Raum nun ganz ein und nehme mein Leben.» Diesen Satz atmet sie immer wieder ein; für sie ist es so, als ob sie durch ihn eine Lebensberechtigung bekommen hätte. Ihr Körper entfaltet sich, und ihre linke Körperseite wird weiter.

Diese Atemübung nahm Susanne mit in ihr Alltagsleben. Sie konnte dadurch deutlich mehr Freude zulassen. Je mehr sie sich vor dem Leben verneigte und es als Geschenk nehmen konnte, desto besser ging es ihr. Die Schuldgefühle lösten sich. Sie hatte sich Kains-Schuld angemaßt, denn den Tod des Geschwisterchens hätte sie nicht verhindern können. Nun verneigte sie sich vor ihrem Schicksal: Jetzt «durfte» sie mit einem Partner glücklich sein, was bis dahin ein «Verrat» gewesen wäre. So gelang es Susanne, ihr Leben doch noch vorbehaltlos zu bejahen.

Kampf ums Überleben

Katharina ist Anfang 50, verheiratet und kinderlos; von Beruf Psychotherapeutin: fünf Jahre Analyse für ihre persönliche Entwicklung und eine 3jährige Ausbildung in Atem- und Körpertherapie. In die Therapie zu mir kam sie, da sie seit dem Tod ihres Vaters stark zugenommen hatte und erhebliche sexuelle Schwierigkeiten auftraten. Außerdem litt sie an Schuldgefühlen, wann immer sie etwas für sich selbst in Anspruch nahm oder sich abgrenzte.

Anfangs arbeiteten wir am Tod des Vaters. Es zeigte sich, daß sie Vaters Verbündete und «heimliche Geliebte» war. Dann begannen wir, die Familie zu ordnen und an ihrem Verhältnis zur Mutter zu arbeiten, mit der sie in ihrer Jugendzeit viel um den Vater konkurriert hatte. So wurde sie wieder das Kind ihrer Eltern. Langsam ging es ihr besser; die sexuellen Probleme lösten sich mehr und mehr.

Dennoch traten ihre Schuldgefühle weiterhin auf, wenn sie sich – in ihrer Ehe wie auch gegenüber ihren Klienten – abzugrenzen versuchte. Da ich vermutete, daß eine Ursache im Mutterleib zu finden war, schlug ich eine Rückführung vor.

Dabei erlebte Katharina eine gewaltige Überraschung: Es waren noch drei andere Wesen da! Sie war erschrocken darüber und fürchtete sich:

> «Die anderen drei sind immer zusammen – drei Kugeln, sie sind sehr bedrohlich. Es ist doch gar kein Platz hier für alle vier! … Die drei kommen immer näher – ich habe Angst vor ihnen!»
>
> Sie drängt sich dicht an die Wand.
>
> «Die oder ich, das ist mir klar. Auch den dreien ist es klar – zu viert geht es nicht.»
>
> Es kommt zum Kampf, die drei anderen sind ganz nahe, sie drücken Katharina fest an die Wand. Sie schreit, gerät in Panik: «Die wollen mich umbringen! Mein Arm ist schon ganz taub!»
>
> Nun beginnt sie sich zu wehren; es geht um Leben und Tod. Sie kämpft und schreit, ist verzweifelt und drückt dennoch eine Kugel nach der anderen weg.
>
> Danach weint sie, sie kann es kaum fassen: Sie hat gesiegt!

Nun endlich hat sie genug Platz, aber sie verspürt starke Schuldgefühle. Immer wieder sagt Katharina: «Die wollten mich töten – was sollte ich denn tun? Ich mußte mich doch wehren!»

Nach dieser ersten Rückführung vollzogen wir auch hier ein Ritual zum Abschied von Katharinas Geschwistern. Danach ging es ihr wirklich gut: Sie lachte und war erlöst. In dem folgenden Monaten fühlte sie sich immer besser. Die Schuldgefühle schwanden und treten heute kaum noch auf, wenn sie sich abgrenzt.

Wie Fische im Wasser

Editha, Ende 30, suchte mich zwecks Rückführung auf. Sie hatte schon an etlichen Seminaren teilgenommen und sich mit ihrer eigenen Biographie und den traumatischen Erlebnissen befaßt. Ein wiederkehrendes Thema bei ihr war ein starkes Auflösungsgefühl, ein Sog, der sie wegzog, verbunden mit starker Sehnsucht. Auch beruflich kam es immer wieder zu Abbrüchen; sie war unfähig, Freude zu leben. Ihre Mutter hatte eine Blutung, als sie im ersten Monat mit Editha schwanger war – ein Indiz, das meine Arbeitshypothese untermauerte: Möglicherweise gingen Auflösungs- und Sehnsuchtsgefühle auf die embryonale Situation zurück.

Von der Rückführung in den Mutterleib berichtet Editha:
«Ich fühle mich wie ein Fisch, der sich im Wasser spiegelt.» Nach einer Weile sagt sie: «Da sind noch zwei andere Schnüre[60], auf der anderen Seite oben, und jeweils ein Fisch daran.»

Sie selbst befindet sich weiter unten. «Sie sind zu zweit, aber ich habe keine Angst vor ihnen. Sie sind so fröhlich zusammen.»

Währenddessen schwebt sie auf die anderen zu. Sie ist dicker als die beiden anderen «Fische». Nun lachen sie alle drei miteinander, haben viel Spaß und bewegen sich zusammen. Es ist eine schöne Zeit, doch am Ende des ersten Monats verabschieden sich die beiden Geschwister und entfernen sich langsam.

Editha ist resigniert und traurig.

Dritter Monat: Sie weiß nicht, ob sie lebt oder tot ist. Resignation und Trauer über den Verlust der beiden Geschwister. Sie atmet kaum, zeigt keine Emotionen. (...)

Fünfter Monat: Ein starker Sog nach oben zu ihren verstorbenen Geschwistern. Sie hat Sehnsucht nach ihnen, fühlt sich traurig, keine Freude.

Nach der Rückführung vollzogen wir ein Ritual zur Verabschiedung ihrer Geschwister. Nun durfte sie wieder Freude ausleben; ihre Schuldgefühle lösten sich. Für sie war es sehr wichtig, daß sie endlich wußte, woher der Sog und die Sehnsucht stammten, die ihr Leben so sehr bestimmt hatten. Jetzt war sie bereit, die Freude und Liebe, die sie mit den Geschwistern zusammen erlebt hatte, in ihr Leben einzubringen. Nun endlich «durfte» sie glücklich sein.

Erkenntnisse der embryologischen Forschung

Die Medizin beginnt erst allmählich, sich systematischer mit dem Phänomen der «Vanishing Twins» zu beschäftigen. Gesicherte Statistiken zur Häufigkeit von Mehrfachbefruchtungen und anschließender Geburt nur eines Kindes liegen daher nicht vor; die Angaben schwanken «zwischen 0 und 78 Prozent»[61].

Zahlenangaben, die auf Studien basieren, welche vor der Einführung von regelmäßigen Ultraschalluntersuchungen durchgeführt wurden, müssen als veraltet angesehen werden. So sprechen M. Litschgi und D. Stucki in ihrem Aufsatz «Verlauf von Zwillingsschwangerschaften nach intrauterinem Fruchttod eines Föten»[62] noch 1980 von einem «relativ seltenen Ereignis», das an der Universitäts-Frauenklinik in Basel in einem Zeitraum von neuneinhalb Jahren lediglich bei «0,07 Prozent aller Geburten» aufgetreten sei.[63]

Dagegen berichten Landy et al.[64] schon 1986, daß in mehr als der Hälfte der von ihnen untersuchten Fälle das Phänomen des «Vanishing Twin» auftrat: Nach im ersten Trimenon diagnostizierter Mehrfachschwangerschaft brachten nur 26 von 54 Patientinnen tatsächlich Zwillinge zur Welt.

Im Jahr 1990 erklären O. Huter et al. «Zur Frage des ‹Vanishing Twin›»[65]: «Nachdem in den letzten Jahren eine immer größere Anzahl von Schwangeren routinemäßig mit Ultraschall untersucht wurde, mehrten sich die Berichte vom ‹Vanishing Twin›, dem Zwilling, der verschwindet. (...) Es gibt in der Literatur zahlreiche Hinweise, daß die Inzidenz von Mehrlingsschwangerschaften wesentlich höher ist, als der tatsächlichen Geburt von Mehrlingen entspricht.» Diese Häufigkeit habe zu der Empfehlung geführt, «eine sonographisch im ersten Trimenon festgestellte Geminischwangerschaft nicht gleich der Schwangeren mitzuteilen»[66].

«Mehrlingsschwangerschaften, bei denen nur ein Kind lebend zur Welt kommt», so dieselben Autoren, «sind seit den frühesten Anfangszeiten der Geburtshilfe bekannt. In der Veterinärmedizin ist das Nebeneinander von abgestorbenen, mumifizierten Feten neben wohlausgebildeten, lebensfähigen Jungen vor allem bei multiparen Tieren (Schwein, Hund, Katze, Kaninchen) bekannt.

Beim Menschen war der Fetus papyraceus, der sich bisweilen in der Plazenta fand, ein dämonisch besetztes Schwangerschaftsprodukt. In einer Tiroler Hebammenverordnung des 18. Jahrhunderts wird der Hebamme ausdrücklich verboten, solche ‹Mondkinder› zu taufen.»[67]

Nach verschiedenen Autoren, die in dem genannten Bericht zitiert werden, «verschwindet» in 53,3 Prozent bzw. sogar in 71,4 Prozent aller Fälle, bei denen im ersten Trimenon eine Zwillingsschwangerschaft festgestellt wurde, einer der Zwillinge während der Schwangerschaft[68], so daß bei der *Mehrzahl* zunächst diagnostizierter Zwillingsschwangerschaften nur ein Kind zur Welt kommt.

«Der Unterschied zwischen ‹Vanished Twin› und Fetus papyraceus», so die Autoren weiter, «ist graduell und vom Schwangerschaftsalter, in dem der Zwilling abstirbt, abhängig. (...) Als Ursache für den Fetus papyraceus werden angegeben: fetofetales Transfusionssyndrom, Hämolyt. Erkrankung, Mißbildung und Nabelschnurkomplikationen.»[69] Und schließlich: «Werden die Eihäute und die Plazenta eines Kindes, das in der Frühschwangerschaft ein Zwillingsgeschwister hatte, nach der Geburt gründlich untersucht und makroskopisch suspekte Aspekte histologisch gewissenhaft aufgearbeitet, so lassen sich stets embryonale Zellen des ‹verschwundenen› Zwillings finden.»[70]

Im *Zentralblatt für Gynäkologie* berichten I. Kouam et al. 1995 über den «Spontanabort des einen Zwillings und spätere Spontangeburt des überlebenden Zwillings»[71]: In der achten Schwangerschaftswoche (SSW) waren «anläßlich der ersten Ultraschalluntersuchung zwei Embryonen mit Herzaktionen in zwei Fruchthöhlen festgestellt» worden, was zur «Diagnose einer Zwillingsschwangerschaft» führte. «Bei der zweiten Ultraschalluntersuchung in der 12. SSW gelang es, zwei entwickelte Schädelechos gleicher Größe sowie zwei getrennte Plazentas darzustellen.»[72] Infolge einer Malariainfektion der Mutter (der Fall ereignete sich in den Tropen) verstarb in der 16. SSW der erste Zwilling, der durch Spontanabort abging; der zweite Zwilling entwickelte sich jedoch unauffällig weiter. In der 32. SSW kam es nach «einer Geburtsdauer von 6 Stunden zur Spontangeburt eines lebensfrischen männlichen Kindes»[73].

Während die Ursache des Aborts hinlänglich geklärt ist – «In der tropischen Zone gilt die Malariainfektion als eine der Hauptursachen der Fehl- und Frühgeburt»[74] –, läßt sich die «Frage, wieso der andere Fetus überlebt hat, (...) nicht eindeutig beantworten»[75].

Bemerkenswert sind jedoch die in diesem Zusammenhang genannten Zahlen: «Zu diesem ‹Vanishing-Twin›-Phänomen kommt es in ca. 20 Prozent aller frühdiagnostizierten Zwillingsanlagen mit Herzaktionen beider Embryonen und in 50 Prozent aller Anlagen, bei denen eine zweite Fruchthöhle nachzuweisen war.»[76]

Anmerkungen

1 Nach Bert Hellinger.

2 «Geschwister – zu Rivalen geboren», in: *Geo*, Nr. 9 (September 1997), S. 71.

3 Vgl. hierzu ausführlich den III. Teil sowie die Anmerkungen zum Forschungsstand im Anhang dieses Buches.

4 Ein Ausdruck, den Stanislav Grof geprägt hat.

5 Eine Schwester.

6 Im Fruchtwasser schwebend.

7 Wohin die Schwester zurückgeht.

8 Vgl. hierzu Kap. 6 im II. Teil dieses Buches.

9 Frei nach Dr. Maria Hippius-Gräfin Dürckheim.

10 Ausführlich werden diese drei Ursachen in den Teilen II–IV behandelt.

11 Der Ausdruck wurde von Bert Hellinger geprägt.

12 Hierzu vgl. Teil III, 3. Kapitel dieses Buches.

13 Hierzu vgl. insbesondere S. 270ff. im Anhang dieses Buches.

14 Ein Übel an der Wurzel scheinen mir die von der Krankenversicherung bezahlten Therapien zu sein: Der Therapeut wird von einer anonymen Gesellschaft honoriert, und der Klient erhält ebenso anonym diese finanzielle Zuwendung. Das spielt sich meist gut ein: Nach zwei Jahren ist der Thera-

peut nur noch Gesprächspartner und Anlaufstelle, wenn der Klient Zuwendung braucht. Entwicklung ist dann kaum mehr möglich, die Dynamik des Prozesses längst erlahmt.

15 *Der Ochs und sein Hirte. Zen-Geschichte aus dem alten China.* Pfullingen ^{6}1988.

16 Karlfried Graf Dürckheim: *Vom doppelten Ursprung des Menschen.* Freiburg 1973.

17 Vgl. Christian Rätsch (Hrsg.): *Naturverehrung und Heilkunst.* Südergellersen 1993.

18 Vgl. zum Beispiel Joseph Campbell: *Der Heros in tausend Gestalten.* Frankfurt/Main 1977.

19 Vgl. Carl O. Simonton / Reid M. Henson: *Auf dem Wege der Besserung.* Hamburg 1997.

20 Jean Gebser: *Einbruch der Zeit.* Montreal 1994.

21 Eine weitere Methode, um gespeicherte vorgeburtliche Erlebnisse zu aktivieren, ist die sogenannte «Pränatale Therapie». Vgl. Robert Saint John: *Metamorphose. Die Pränatale Therapie.* Essen 1986.

22 Adaptiertes Schema nach den Charakterstudien von A. Lowen.

23 Vgl. Norbert J. Mayer: *Wie im Mutterleib, so im Leben.* Verlag Der Berserker 1992.

24 C. G. Jung bezieht sich auf dieselbe Konstellation, wenn er vom Besetztsein der Frau durch den Animus, des Mannes durch die Anima spricht.

25 Hanscarl Leuner: *Lehrbuch der Katathym-imaginativen Psychotherapie.* Göttingen 1993.

26 Zum Begriff der aktiven Imagination vgl. beispielsweise C. G. Jung: *Psychologie und Alchemie,* Zürich 1952, S. 351 und 475.

27 Hermann Maass: *Der Seelenwolf.* Olten 1984, Rückseitentext.

28 Das Initiatische Atmen wird immer paarweise ausgeführt: Einer liegt, einer betreut.

29 Marie-Luise von Franz: *Das Weibliche im Märchen,* zit. n. Maass, a.a.O., S. 21.

30 Vgl. Joseph Campbell: *Der Heros in tausend Gestalten,* a.a.O.

31 Ich erinnere mich an eine Klientin, die von einem aus stiller See auftauchenden Riesensaurier träumte. Als ich sie aufforderte, das Ungeheuer zu malen, wurde sie von einem psychotischen Schub erfaßt. Wie sich herausstellte, hatte sie als vierjähriges Kind vor psychotischen Patienten ihres Vaters, der Psychiater in einer Nervenklinik war, an Festtagen Gedichte vortragen müssen. Damals hatte sie die geballte hochenergetische Ladung der Psychotiker abbekommen, die sie bis zu jener dramatischen Therapiesitzung verdrängt hatte.

32 Bert Hellinger hat diese Geschichte in einem Kurs erzählt.

33 Vgl. *Der Ochs und sein Hirte,* a.a.O., S. 49f. u. 122ff.

34 *Der Ochs und sein Hirte,* a.a.O., S. 49.

35 Ebd.

36 Eine ausführlichere Darstellung der klinischen Erforschung dieses Phänomens finden interessierte Leser im Anhang, S. 270ff.

37 Vgl. O. Huter et al.: «Zur Frage des ‹Vanishing Twin›»; in: *Zeitschrift für Geburtshilfe und Frauenheilkunde* 50 (1990), S. 989–992.

38 O. Huter et al., a.a.O., S. 991.

39 O. Huter et al. a.a.O., S. 989.

40 Eine Tiroler Hebammenverordnung des 18. Jahrhunderts untersagte den Hebammen ausdrücklich, solche «Mondkinder» zu taufen. – Vgl. O. Huter et al., a.a.O.

41 *Medical Tribune* Nr. 31 vom 1. 8. 1997.
42 O. Huter et al., a.a.O., S. 991.
43 Erich Blechschmidt: *Wie beginnt das menschliche Leben?* Stein am Rhein [6]1989, S. 51.
44 Vgl. Kap. 6 im II. Teil dieses Buches.
45 Gemeint ist: nach dem Tod des Bruders.
46 Vgl. hierzu den Erfahrungsbericht einer Klientin im Anhang, S. 259ff.
47 Kindheitsmärchen sind, wie gesagt, gute Wegweiser durch den Entwicklungsprozeß: Sie vermitteln dem Therapeuten die Grundstimmung des Klienten in seiner Kindheit.
48 Vgl. Robert Saint John: *Metamorphose,* a.a.O.
49 Vgl. auch Sogyal Rinpoche: *Das tibetische Buch vom Leben und Sterben.* München 1993.
50 Robert Saint John: *Metamorphose,* a.a.O., S. 115.
51 Vgl. John Lilly: *Im Zentrum des Zyklons.* Frankfurt/Main 1976.
52 Auf diesem Gebiet hat Stanislav Grof durch 27 Jahre LSD-Forschung an gesunden und kranken Menschen große Arbeit geleistet.
53 Vgl. auch Norbert J. Mayer: *Sexualität und Gewalt im Geburtstrauma.* München1987.
54 Vgl. Stanislav Grof: *Topographie des Unbewußten.* München 1978, S. 117. – Ders.: *Geburt, Tod und Transzendenz.* München 1985, S. 109ff.
55 Vgl. II. Teil, S. 72ff.
56 Die Wirkung des Systemischen Stellens beruht darauf, daß der Handelnde (der sein System in Stellung bringt) die zum System gehörenden Personen so «plaziert», daß ein Energiefeld entsteht, aus dem heraus die beteiligten Darsteller authentisch sprechen und agieren.

57 Die letzten beiden Sätze entstammen sinngemäß meinen Notizen zu Bert Hellingers Seminaren. Vgl. hierzu auch Gunthard Weber (Hrsg.): *Zweierlei Glück*. Heidelberg 1993, S. 125f.

58 Zwischen 1987 und 1991 habe ich, wie erwähnt, Lehrseminare bei Bert Hellinger besucht. Diesem Kapitel liegen einige Grundprinzipien der systemischen Arbeit Hellingers sowie meine eigenen Erfahrungen in zehnjähriger systemtherapeutischer Praxis zugrunde.

59 Nähere Informationen zum Zentrum Metafor finden Sie am Schluß dieses Buches.

60 Nabelschnüre.

61 Landy et al.: «The ‹vanishing twin›: Ultrasonographic assessment of fetal disappearance in the first trimester»; S. 14. In: *American Journal of Obstetrics and Gynecology,* Juli 1986, 155, S. 14ff.

62 Litschgi, M., und Stucki, D.: «Verlauf von Zwillingsschwangerschaften nach intrauterinem Fruchttod eines Föten»; in: *Zeitschrift für Geburtshilfe und Perinatologie* 184 (1980), S. 27-230.

63 A.a.O., S. 227.

64 A.a.O.

65 O. Huter et al.: «Zur Frage des ‹Vanishing Twin›»; in: *Zeitschrift für Geburtshilfe und Frauenheilkunde* 50 (1990), S. 989–992.

66 A.a.O., S. 989.

67 Ebd.

68 A.a.O., S. 991.

69 Ebd.

70 Ebd.

71 I. Kouam et al.: «Spontanabort des einen Zwillings und

spätere Spontangeburt des überlebenden Zwillings»; in: *Zentralblatt für Gynäkologie* 117 (1995), S. 604–607.

72 A.a.O., S. 604.

73 A.a.O., S. 605.

74 A.a.O., S. 606.

75 Ebd.

76 Ebd.

Bibliographie

Blechschmidt, Erich: *Wie beginnt das menschliche Leben?* Stein am Rhein [6]1989
Campbell, Joseph: *Der Heros in tausend Gestalten.* Frankfurt/Main 1977
Castaneda, Carlos: *Die Reise nach Ixtlan.* Frankfurt/Main 1975
Dürckheim, Graf Karlfried: *Der Alltag als Übung. Vom Weg der Verwandlung.* Bern 1961
–: *Durchbruch zum Wesen. Aufsätze und Vorträge.* Bern 1954
–: *Hara. Die Erdmitte des Menschen.* Weilheim 1954
–: *Im Zeichen der großen Erfahrung.* Weilheim 1951
–: *Der Mensch als Zeuge des Unendlichen.* Schaffhausen 1996
–: *Übung des Leibes.* München 1978
–: *Vom doppelten Ursprung des Menschen.* Freiburg 1973
–: *Wunderbare Katze und andere Zen-Texte.* Weilheim 1964
– (Hrsg.): *Der zielfreie Weg.* Freiburg 1982
v. Franz, Marie-Luise: *Das Weibliche im Märchen.* Leinfelden-Echterdingen [12]1997
Gebser, Jean: *Einbruch der Zeit.* Montreal 1994
Grof, Stanislav: *Die Chance der Menschheit.* München 1988
–: *Geburt, Tod und Transzendenz.* München 1985
–: *Topographie des Unbewußten.* München 1978

Hellinger, Bert: *Anerkennen, was ist.* München 1996
–: *Finden, was wirkt.* München 1993
–: *Die Mitte fühlt sich leicht an.* München 1996
–: *Verdichtetes.* Heidelberg 1995
Hippius-Gräfin Dürckheim, Maria: *Am Faden von Zeit und Ewigkeit.* Weilheim 1966
–: *Forschung und Forum.* Selbstverlag 1980
– *Geheimnis und Wagnis der Menschwerdung.* Schaffhausen 1996
–: *Transzendenz als Erfahrung.* Weilheim 1966
–: *Der Weg von der Initiation zur Individuation.* Freiburg 1982
Huter, O., et al.: «Zur Frage des ‹Vanishing Twin›»; in: *Zeitschrift für Geburtshilfe und Frauenheilkunde* 50 (1990), S. 989–992
Jung, C. G.: *Psychologie und Alchemie,* Zürich 1952
Kouam, I., et al.: «Spontanabort des einen Zwillings und spätere Spontangeburt des überlebenden Zwillings»; in: *Zentralblatt für Gynäkologie* 117 (1995), S. 604–607
Landy et al.: «The ‹vanishing twin›: Ultrasonographic assessment of fetal disappearance in the first trimester»; in: *American Journal of Obstetrics and Gynecology,* Juli 1986, S. 14-19
Leuner, Hanscarl: *Lehrbuch der Katathym-imaginativen Psychotherapie.* Göttingen 1993
Lilly, John: *Im Zentrum des Zyklons.* Frankfurt/Main 1976
Litschgi, M., und Stucki, D.: «Verlauf von Zwillingsschwangerschaften nach intrauterinem Fruchttod eines Föten»; in: *Zeitschrift für Geburtshilfe und Perinatologie* 184 (1980), S. 227-230
Maass, Hermann: *Der Seelenwolf.* Zürich, Düsseldorf 1984
Mayer, Norbert J.: *Die angemaßte Schuld.* München 1989
–: *Auch der liebe Gott ist kein besserer Vater als dein eigener.* München 1995
–: *Beziehungsgestaltung.* München 1994

–: *Die Bildwelt des Mythos im Prozeß der Menschwerdung.* München 1986
–: *Fallstudien Initiatischer Prozesse.* München 1986
–: *Der ganz gewöhnliche Tod.* München 1988
–: *In den Wind gesungen.* München 1995
–: *Der Kampf mit dem Drachen.* München 1985
–: *Lebenswege.* München 1993
–: *Mutters Sohn und Vaters Tochter.* München 1990
–: *Die Not der Zeit.* München 1993
–: *Phönix aus der Asche.* München 1989
–: *Provokation als Initiatisches Ritual.* München 1985
–: *Seelisches und geistiges Wachstum als Aufgabe des Menschen.* München 1988
–: *Sexualität und Gewalt im Geburtstrauma.* München 1987
–: *Die vergessenen Geschwister.* München 1997
–: *Das verlorene Zuhause.* München 1991
–: *Die Verwandlung des Berserkers.* München 1991
–: *Wenn «Hans im Glück» kein Glück mehr hat.* München 1996
–: *Wie im Mutterleib – so im Leben.* München 1992
–: *Die zweite Geburt.* München 1994
Metzner, Ralph: *Der Brunnen der Erinnerung.* Braunschweig 1994
Müller, Rüdiger: *Wandlung zur Ganzheit. Die Initiatische Therapie.* Freiburg 1982
Neumann, Erich: *Die Große Mutter.* Zürich 1956
–: *Tiefenpsychologie und neue Ethik.* Frankfurt 1982
Rätsch, Christian (Hrsg.): *Naturverehrung und Heilkunst.* Südergellersen 1993
Rinpoche, Sogyal: *Das tibetische Buch vom Leben und Sterben.* München 1993

Saint John, Robert: *Metamorphose. Die Pränatale Therapie.* Essen 1986

Simonton, Carl O. / Henson, Reid M.: *Auf dem Wege der Besserung.* Hamburg 1997

Weber, Gunthard (Hrsg.): *Zweierlei Glück. Die systemische Psychotherapie Bert Hellingers.* Heidelberg 1993

Wilber, Ken: *Halbzeit der Evolution. Der Mensch auf dem Weg vom animalischen zum kosmischen Bewußtsein.* Frankfurt 1996

–: *Wege zum Selbst. Östliche und westliche Wege zu persönlichem Wachstum.* München 1991

Zen-Geschichte: *Der Ochs und sein Hirte. Zen-Geschichte aus dem alten China.* Pfüllingen [6]1988

Dank

Ich sage Dank den vielen, die mich auf den Weg gebracht haben:

Karlfried Graf Dürckheim mit seiner späteren Frau Maria Hippius-Gräfin Dürckheim – den beiden Meistern, die mich vieles lehrten; Stanislav Grof, dem Seelenforscher, dem ich viel verdanke; Bert Hellinger, dem großen alten Weisen, vor dem ich mich sehr tief verneige; Ralph Metzner, meinem Freund im Geiste Freyas und Odins; Steven Foster und Meredith Little, den Schamanen, die mich gut durch meine eigene Wüste führten; Richard Baker Roshi und seinem Schiff, der «Mayflower», der Seele auf dem Weg zu neuen Ufern; Sogyal Rinpoche Venerable, mit dem mich stets das Große Lachen verband; und allen, die mich bewußt oder unbewußt führten. Insbesondere danke ich von Herzen meiner lieben Frau, die auch mit Fallbeispielen zu diesem Buch beigetragen hat, für Dialog und Austausch zu diesem Thema.

Auch den Klienten danke ich, den Weggefährten, von denen ich sehr viel gelernt habe, auch über mich selbst. Mein Dank gilt schließlich all den guten Menschen, die durch Schreiben von Skript und Korrektur zum Entstehen dieses Buches beigetragen haben, an erster Stelle Frau Hedwig Poletti, des weiteren Frau Silvia Selischkar und Frau Erika Christ sowie allen, die durch ihre Zeichnungen und Berichte den Lesern für Erfahrung, Prozeß und Entwicklung ein Beispiel geben. Nicht zuletzt danke ich Herrn Dr. August Lachner, Leiter der medizinischen Lesehalle der Universitätsbibliothek München, für die stets freundliche und hilfreiche Unterstützung bei der Suche nach neuester Literatur aus der Forschung in den Bereichen *Embryologie, Vanishing Twin* und *Fetus papyraceus*.

Das Zentrum Metafor

Unter der Leitung von Dr. Norbert J. Mayer und HP Hildegard Nora Henke-Mayer bietet das *Zentrum Metafor – Die Integrale Lebensschule für Selbstheilung, Selbstgestaltung, Kreativität und Transformation e. V.* – unter anderem regelmäßige Einführungen in Übungs- und Arbeitsmethoden an.

In der Integralen Lebensschule können Interessierte ein mehrjähriges Programm zur berufserweiternden und hauptberuflichen Ausbildung absolvieren.

Menschen mit Problemen können eine Beratungsstunde wahrnehmen und sich im Anschluß einer therapeutischen Wegführung und Wegbegleitung in Seminaren und in Einzelarbeit unterziehen.

Adresse:

Nikolaiplatz 1
D-80802 München
Tel. (089) 34 75 33
Fax (089) 34 90 81

Bürozeiten:	Mo., Di., Do., Fr	10–12 Uhr
	Mi.	15–17 Uhr